박정희는 노동자를 착취했는가

대한민국 기능공의 탄생과 노동귀족의 기원

박정희는 노동자를 착취했는가

대한민국 기능공의 탄생과 노동귀족의 기원

류석춘 저

기파랑

최근 들어 한국 근현대사를 주름잡던 정치인, 기업인 등 다양한 인물에 관한 자서전, 평전 들이 봇물 터지듯 출간되고 있다. 정신없이 달려온 지난 백여 년의 근현대사를 증언하는 노력으로 해석된다. 이제 우리나라도 기록으로 남길 가치가 있는 역사적 인물들을 발굴하고 재평가하는 흐름이 자리를 잡아 가고 있다.

그러나 기록의 가치가 있다고 해서 해당 인물에 대한 평가가 반드시 긍정적일 수만은 없다. 특히 박정희라는 인물이 그렇다. 박정희에 대한 기록은 넘쳐나지만 그 방대한 기록만큼이나 그에 대한 평가는 극과 극을 달린다. 오히려 너무 많은 기록이 논란을 낳고 있는지도 모르겠다.

2017년은 박정희 탄생 100주년이 되는 해다. 박정희대통령기념재단이 의욕적으로 벌이고 있는 『박정희 전집』과 연구서 발간사업의 의의가 결코 가볍지 않다. 박정희, 그리고 온갖 불확실성과 잠재력이 공존했던 역동적인 그 시대에 대한 객관적 평가가 더욱 필요한 때다.

박정희에 대한 평가는 '경제의 공(功)과 정치의 과(過)'로 구분하는 이분법적인 시각이 지배적이다. 유신 선포를 통한 절차적 민주주의의 훼손은 그가 무덤까지 안고 가며 부담해야 하는 과오일 수 있다. 그러나 그 과오를 명분으로 박정희 대통령의 공로를 경제발전에 국한시키고, 그 경제 업적마저 생채기 내려는 시도들도 끊임없이 있어 왔다. 가장 대표적인 예가 "박정희가 노동자를 착취했다"는 주장이다. 한국이 이룩한 이른바 경제기적은 박정희가 노동(자)에 대한 억압과 착취를 감행해서 일부 재벌로 대표되는 기업만을 살찌운 착시효과 때문에 느껴지는 현상이라는 설명이다.

이 책은 이러한 인식이 얼마나 엉터리인지 고발하는 책이다. 이 주장이 거짓이라는 사실은 군이 멀리 갈 것 없이, 세계 최고의 노동 강도를 자랑하면서 저발전의 덫에서 벗어나지 못하는 북한의 존재가 적나라하게 보여 준다. 노동을 혹사시키기만 해서 경제가 발전할 수 있다면 북한이야말로 세계에서 가장 먼저 경제기적을 만들어야 했다.

이 책은 저자가 오랫동안 품어 온 질문의 답을 찾는 과정의 부산물이기도 하다. 학자로서 저자는 제3세계의 발전에 관심을 기울여 왔다. 2차 세계대전 이후 독립한 수많은 국가 가운데 한국의 눈부신 경제성장은 저자뿐만 아니라 모든 제3세계 연구자들에게 일종의 수수께끼다. 물론 이 수수께끼를 푸는 작업은 국가, 시장, 그리고 사회의 역할에 대한 입체적인 접근 없이는 불가능하다. 적절한 산업정책과 노동정책을 수립하고 실행할 능력이 있는 정부, 그에 부응하여 일자리를 창출하고 해외시장에서 경쟁하는 기업, 그리고 헌신적인 동기로 성취를 지향하는 노동, 이 세 주체의 조합이 발전의 열쇠다.

이 책을 통해 박정희 대통령을, 그리고 발전국가(developmental state)라 불리는 그 시기를 미화할 의도는 없다. 강성노조, 노동귀족 등 2017년 오늘날 우리 사회가 겪고 있는 가장 심각하고 고질적인 문제들이 바로 박정희, 그리고 발전국가의 유산이라는 사실을 이 책은 또한 보여 주고 있기 때문이다.

이 책은 단순히 거시적인 경제지표에만 기대지 않았다. 당시를 살아낸 노동자들의 생생한 삶의 기록을 충실히 담으려 노력했다. 연구의 모티브를 깨닫게 해 준 조갑제 기자, 그리고 그 모티브에 풍부한 사실과 자료를 제공해 준 오원철 수석께 감사한다. 또한 연구 과정에서 동료 및 후배 기능공 출신 숙련노동자들을 면접하는 데 도움을 준 EM코리아의 유한식 사장께 감사한다. 그는 왜곡되어 알려진 한국의 경제발전 과정과 노동자의 역할을 바로잡고 싶어 했다. 그의 삶 그리고 증언이 이러한 오해가 틀렸음을 웅변하고 있다.

연구를 재정적으로 지원해 준 좌승희 박정희대통령기념재단 이사장, 그리고 함재봉 아산정책연구원장께 감사한다. 특히 아산정책연구원이 정주영 탄생 100주년을 기념하여 출간한 『아산연구총서』 집필에 참여한 경험이 이 연구에 큰 도움이 되었다. 총서 집필 과정에서 현대중공업이 제공해 준 자료는 이 책의 내용을 더욱 풍성하게 만들었다. 유사한 시기에 별개로 진행된 연구였으나 저자는 정주영을 연구하면서 박정희를 보았고, 또 박정희를 연구하면서 정주영을 마주할 수밖에 없었음을 이 자리를 빌려 고백한다.

연구의 성과를 2016년 11월호부터 2017년 6월호까지 나누어 발표할 수 있도록 '류석춘의 한국사회 읽기' 지면을 제공해 준 『월간조선』 문갑식 편집장에게도 감사한다. 동료 연구자로 날카로운 비평을 해 준 호주

국립대 김형아 교수, 연세대 동서문제연구원 왕혜숙 박사, 박정희대통령 기념재단 초빙연구위원 유광호 박사, 그리고 원고 정리를 도와준 청년박 정희연구회 부회장 여명에게 감사한다. 마지막으로 출판을 수락한 기파 랑의 안병훈 사장과, 편집을 맡아 준 김세중 편집자에게도 감사한다.

2017년 10월

류석춘

| 차례

책머리에   5

서론 박정희 백 년 대 공산주의 백 년, 그리고 노동자 착취 문제   15

1. 박정희 백 년 대 공산주의 백 년   17
2. 노동자 '착취' 그리고 한국의 노동자 연구   21

02 박정희와 1960년대 봉제산업 노동자   25
      ―『전태일 평전』에 따라도 착취 아니다

1. 『전태일 평전』의 함정   27
2. 전태일의 평화시장 경력과 임금상승 : '착취'라고?   30
3. 전태일의 노동운동 투신과 모범업체 구상 그리고 분신 : '대학생 친구'가 없었
      다고?   38
4. 전태일의 선택 : 다른 동시대인의 선택은?   51
5. 전태일의 죽음은 아름답지 않다   56

03 박정희와 1970년대 중화학공업 노동자   59
      ― 숙련노동자 기능공의 대규모 탄생

1. 박정희 대통령의 중화학공업화(1973~1979)   61
2. 1970년대 초반의 노동시장 구조와 과학기술인력 양성   63

| **차례**

3. 기능공 육성정책 72
4. 소결 92

04 숙련노동자 기능공의 중산층화 95
　　— 현대중공업 사례를 중심으로

1. 서론 97
2. 현대중공업 기능공의 계층이동 99
3. 중산층 사회의 등장과 오늘날의 문제 137
4. 소결 143

05 1997년 외환위기와 노동시장의 양극화 147
　　— 노동정치와 노동운동의 분열

1. 1997년 외환위기와 IMF 구제금융 149
2. 기업의 구조조정과 실업 151
3. 정부의 위기관리: '노사정위원회'와 노동정치의 실패 163
4. 노동운동 내부의 파벌투쟁 173
5. 소결: 기업별 노조와 '귀족' 노조 탄생의 서막 180

06 설문조사로 본 중화학공업 부문 노동자의 노동조합 평가   183

1. 머리말   185
2. 중화학공업 부문 노동자의 '귀족' 노조 평가 : 2014~2015   188
3. 시계열 설문조사로 본 숙련노동자 기능공의 노조에 대한 평가 : 1978, 1987, 2005   197
4. 소결 : '귀족' 노조 맞다   207

결론 박정희는 노동자를 착취하지 않았다   209

1. 한계노동생산성과 임금상승 : 시계열 통계자료(1963~1999)   211
2. 박정희와 대기업 '귀족' 노조 : 노동보국(勞動報國)이 필요하다   213

보론 대학생들의 박정희 대통령 평가와 현대사 교육 문제   219

1. 머리말   221
2. 박정희에 대한 대학생들의 평가   222
3. 박정희에 관한 역사적 사실   226
4. 응답자의 의견이 형성된 시기와 영향을 미친 집단   229
5. 맺는말   232

| 차례

참고문헌 235

부록

1. 1983년 초판『전태일 평전』의 분신 기록 246
2. 2009년 신판『전태일 평전』의 분신 기록 247
3. 미국 교포 잡지 *Korea Monitor*의 필진 이선명 248
4. 1973년 현대중공업 입사 기능공(생산직)의 연도별 기본급 자료
    (1973~2015) 249
5. 생산직 사원 심층면접 질문지(현대중공업, 현대위아[기아기공 출신], 두산중
    공업[대우중공업 출신]) 252
6. 현대중공업 응답자의 특성 264
7. 기아기공 출신 현대위아 응답자의 특성 265
8. 대우중공업 출신 두산중공업 응답자의 특성 266

사진 0.1 1971년 11월 1일 부산의 한독기술학교를 시찰하며 학생을 격려하는 박정희 대통령

(국립부산기계공업고등학교) 1회 어느 졸업생은 이렇게 말한다.

"박정희 대통령이 방문한 것은 공식적으로는 다섯 번이고 비공식 방문까지 하면 일곱 번이다. 너그는 잘 모를 끼다. 대통령이 어느 날 부산 순시 왔는데 전기가 부족한 시절에 밤중에도 환하게 전기를 켜 논 곳을 보시고 경호원만 대동하여 찾아간 곳이 부산기계공고의 야간 실습반인 기다. 대통령이 기특하게 생각하시고 학생들의 머리를 쓰다듬어 주시며 '장하다. 너희들 때문에 대한민국 미래가 밝다'고 하셨다." (서일호 2016: 33)

박정희 백 년 대 공산주의 백 년, 그리고 노동자 착취 문제

1. 박정희 백 년 대 공산주의 백 년
2. 노동자 '착취' 그리고 한국의 노동자 연구

사진 1.1 북한의 어린 꽃제비

사진 1.2 인천공항의 출국 행렬

1. 박정희 백 년 대 공산주의 백 년

2017년은 박정희 대통령이 태어난 1917년으로부터 딱 100주년이 되는 해다. 북한 공산주의와의 대결, 즉 반공을 기치로 1961년 44세의 나이에 집권한 그는 1979년 62세의 나이로 서거하기까지 18년간 대한민국을 통치했다.

2017년, 그가 서거한 지 이미 38년이 지났지만 대한민국은 여전히 그가 남긴 유산을 놓고 갑론을박 중이다. 한편에서는 그를 근대화의 아버지라 추앙하지만, 다른 한편에서는 그를 친일파 혹은 독재자라 부르며 폄훼하고 있기 때문이다.

공교롭게도 그가 태어난 1917년은 마르크스레닌주의가 러시아에서 볼셰비키 혁명이라는 이름으로 권력을 잡은 해였다. 박정희 백 년, 그리고 볼셰비키 백 년은 공간을 달리했지만 시간을 공유하며 한반도에서 격렬히 대결했다.

그 백 년 동안 박정희는 단지 18년간 권력을 잡아 대한민국을 통치했다. 박정희 이후 최규하, 전두환, 노태우 집권 기간을 박정희 시대의 연장이라 간주한다면, 그가 만든 체제는 1993년 김영삼이 집권할 때까지 32년간 유지되었다. 만약 노태우의 1987년 6·29선언을 '민주화'의 기점으로 잡아 박정희 체제가 정리된 것이라고 보면 그의 체제는 26년간 유지된 셈이다.

백 년의 세월을 기준으로 봤을 때 분명 박정희 체제는 상대적으로 짧은 기간만 존재했다. 그러나 그 짧은 시간에 박정희는 최소의 비용으로 최대의 효과를 거두며 최빈국 대한민국을 선진국 턱밑까지 끌어올렸다. 박정희의 산업화에 기초해 대규모 중산층이 출현하면서 대한민국은 정치적 민주화는 물론 문화나 복지의 영역까지도 선진국 수준으로 올라갈 수 있었다.

한편, 러시아 볼셰비키 정권은 1991년 구(舊)소련이 해체되기까지 무려 74년간 장기집권하면서 전 세계를 공산화시켰다. 그 과정의 일환으로 북한에서도 1945년 해방과 동시에 공산정권이 들어서 2017년 현재까지 장장 72년간 김일성과 그 아들, 그리고 그 손자로 권력을 세습하며 집권하고 있다. 1989년 베를린 장벽의 붕괴로부터 시작된 공산권의 해체에도 불구하고 북한 공산전체주의 정권은 2017년 현재 여전히 건재하다.

오늘날 북한은 한편으로 핵무기 보유국 지위를 넘보며 대한민국을 위협하고 있다. 그러나 다른 한편 북한은 주민의 기본적인 생계마저도 책임지지 못하여 탈북자를 양산하고 있다. 중국 국경을 배회하며 먹을 것을 찾아 헤매는 북한의 앙상한 '꽃제비' 사진 한 장(사진 1.1)이 모든 것을 말해 준다. 마르크스레닌주의에 따라 건설된 '노동자 천국' 주민이 왜 노동자를 '착취'한다는 자본주의 시장경제 대한민국으로 넘어오고 있는가?

박정희 백 년과 공산주의 백 년은 바로 이 대목에서 결정적 차이를 드러낸다. 이 책은 이 차이에 주목해, 오늘의 대한민국을 세우는데 결정적으로 기여한 박정희 대통령 시대에 과연 노동자들은 어떤 대접을 받았는지를 구체적으로 따져 보는 책이다. 만약 박정희 시대의 노동자들이 정말 '착취'를 당했다면, 오늘날 우리가 보고 있는 광범한 중산층은 도대체 어디에서 온 것인가? 글은 시간의 흐름을 따라 다음과 같이 구성한다.

제2장에서는 경공업이 발전하던 1960년대 봉제산업의 노동자 상황을 『전태일 평전』(조영래 2009 신판[1978 일본어판, 1983 초판])의 기록을 중심으로 살펴본다. 1960년대를 대표하는 산업에서 노동자들이 정말 '착취'당했나를 확인하기 위해서다.

제3장에서는 중화학공업화가 시작되던 1970년대 기술을 가진 숙련노동자 기능공이 어떻게 대규모로 탄생하게 되었고 그 과정에서 박정희 대통령은 과연 어떤 역할을 했는지를 검토한다. 일각에서 주장하듯이 국가가 노동자를 '착취'했다면 중화학공업화에 필요한 숙련노동자는 도대체 어디에서 어떻게 나타난 것인지를 확인하기 위해서다.

제4장에서는 우리나라 중화학공업의 발전과 궤적을 같이하는 기업 현대중공업에 1973~83년 사이 입사한 기능공 가운데 최근, 즉 2015년까지 재직하고 있는 노동자들을 찾아 이들의 소속계층 변화를 임금의 변동을 중심으로 분석한다. 만약 이들이 '착취'당했다면 이들은 생애사적으로 계층의 사다리를 내려갈 수밖에 없었을 것이다.

제5장에서는 1997년 경제위기 이후 진행되고 있는 노동시장의 양극화 과정에서 노동조합이 제공한 역할을 노동정치와 노동운동

의 차원에서 접근한다. 오늘날 우리 사회의 가장 심각한 문제로 등장한 정규직과 비정규직의 격차, 즉 비정규직에 대한 차별 혹은 '착취' 문제에서 과연 중화학공업 분야 대기업의 강성 노동조합은 어떤 역할을 했는지를 확인하기 위해서다.

제6장에서는 기능공 출신의 숙련노동자들이 노동조합과 노동운동에 대해 가지고 있는 의식의 변화를 설문조사 자료에 기초해 시계열적으로 검토한다. 오늘날 '귀족' 노조라는 비난마저 받고 있는 대기업 강성 노조의 행태에 대한 노조원들 스스로의 견해를 확인하기 위해서다.

결론으로, 1963년부터 1999년까지, 즉 박정희 집권기간은 물론 1997년의 경제위기 직후까지 대한민국의 노동자들이 과연 어떤 대접을 받아 왔는지를 시계열적 통계분석 결과를 검토하며 글을 맺는다. 앞에서 살펴본 노동자에 대한 '착취'의 사실 여부가 일부 특정한 사례에서만 나타나는 현상인지, 혹은 우리 경제 전체의 흐름을 대표하는 현상인지를 확인하기 위해서다. 이를 통해 '박정희 노동착취설'에 대한 이 책의 최종 입장을 제시한다.

보론으로 박정희 대통령에 대한 대학생들의 평가를 설문조사를 통해 확인하고, 또한 그러한 평가가 나타나게 된 원인을 찾아본다. 미래를 대비하기 위해서다.

결론을 미리 말하면, 박정희가 이끈 자본주의 시장경제 대한민국은 노동자를 착취하기는커녕 그들을 중산층으로 육성시키며 국가발전의 핵심 역량으로 키워 냈다. 물론 1997년 외환위기 이후 우리 경제가 소득분배의 악화를 겪으며 중산층이 줄어들고 있는 것은 사실이다. 그러나 이는 1979년 서거한 박정희와는 무관한 일이다. 김대중·노무현 정권이 1997년의 외환위기에 대처하는 과정에서 새로이 발생한 현상이기 때문이다. 그럼에도 불구하고 일부에서는 오늘날의 양극화 책임을 38년 전 세상을 떠난 박정희에게 떠넘기고 있다. 이 책은 그러한 주장이 엉터리라는 사실을 규명하는 책이다. 현재 존재하고 있는 광범한 대한민국의 중산층은 하늘에서 뚝 떨어진 것이 결코 아니기 때문이다.

2. 노동자 '착취' 그리고 한국의 노동자 연구

'착취(expoitation)'라는 용어는 널리 쓰이고 있지만 학문적으로 정의하기 까다로운 개념이다. 또한 '착취'는 공산주의 이론을 구성하는 가장 핵심 개념이기도 하다. 공산주의 이론에서 착취는 생산수단 즉 자본을 소유한 자본가가, 생산수단을 소유하지 않고 노동만 하는 사람 즉 노동자에게 정당한 대가를 지불하지 않고 그들 노동의 성과를 빼앗는 행위를 말한다. 쉽게 말해 일한 만큼 보상을 안해 주면 '착취'에 해당한다.

그러나 공산주의 이론은 현실을 전혀 설명하지 못했다. 자원의 상대적 희소성 문제를 고려하지 않기 때문이다. 공산주의 이론은 생산수단의 소유 여부로만 계급을 구분한 다음 계급 간의 영합적(zero-sum) 갈등관계, 즉 양극화 때문에 자본가는 노동자를 '착취' 하지 않을 수 없다고 설명한다. 그에 따라 마침내는 자본가 계급에 대한 노동자 계급의 집단적 투쟁이 등장할 것이라고 설명했다. 그러나 자본주의 사회에서 노동자 혁명은 끝내 등장하지 않았다. 오히려 공산주의 혁명은 자본주의 사회로 진입하지 못한 일부 후진국에서만 발생했다. 역사적 사실을 설명하지 못하는 공산주의 이론에 연연하여 착취를 정의하고 그에 따라 현실을 재단하는 작업은 그러므로 전혀 의미가 없다.

대신 여기서는 상식적인 차원에서 '착취'에 접근하고자 한다. 만약 착취당하는 노동자가 있다면, 다시 말해 '일한 만큼 보상받지 못하는' 노동자가 있다면, 그의 삶은 시간이 지나면서 더욱 열악한 상황으로 치달아야 한다. 이를 계층적 기준에서 말하면, 착취당하는 사람은 시간이 가면서 계층의 사다리를 내려갈 수밖에 없다. 만약 시간이 가면서 삶의 조건이 현상을 유지하든가 혹은 상대적으로 개선된다면 그는 착취당하는 사람이 아니다. 계층의 사다리에서 같은 위치를 유지하고 있거나 혹은 더 높이 올라가는 경우가 이에 해당한다.

우리나라 노동자, 특히 '착취'에 관한 분석은 지금까지 '계급'을 강조하는 연구자들에 의해 주도되었다(유팔무 1990; 조돈문 2011). 그 결과 이들은 마르크스주의의 선입견을 따라 노동자를 '착취'의 희생자로만 접근하여, 오늘날 한국 사회의 구체적 현실과는 전혀 괴리된 분석 결과를 내놓는다. 이러한 경향의 연구를 대표하는 작업이 1980년대 및 1990년대 유행한 이른바 '사회구성체' 논쟁이다(박현채 외 1989a; 1989b; 1991; 1992). 사회구성체 논의는 한국경제가 '종속이 심화되고, 독점이 강화된다'는 확인되지 않는 가설로부터 출발했다.

그러나 오늘날 한국경제는 이 주장과 달리 세계 10위권까지 성장하였고, 마침내는 복지를 보편적으로 하느냐 혹은 선별적으로 하느냐의 문제를 두고 논쟁하고 있다. 이들은 기업은 성장했지만 기업에 종사하는 노동자들은 유례없는 저임금에 시달리면서 '착취'의 대상이 되어 '프롤레타리아화'되었다는 계급주의적 담론을 벗어나지 못하고 있다(김수행 외 2007; 구해근 2002; 김형기 1997; 서관모 1987).

그러나 대한민국은 박정희 집권 초기의 절대빈곤 상황으로부터 시작해, 국민 대부분이 '마이 카'와 '마이 홈'을 누리는 시대를 거쳐, 이제는 휴가철이 되면 해외여행을 가느라 국제공항이 북새통이 되는(사진 1.2) 국가로 변신했다. 만약 사회의 상층 계급 혹은 계층만이 해외여행과 같은 특전을 누릴 수 있다면 그런 모습이 나타날 까닭이 없다. 계급·계층의 사다리에서 허리를 차지하는 절대다수의 중간계급 혹은 중산층이 존재하지 않고는 이런 현상이 가시적으로 또 지속적으로 나타날 수 없기 때문이다.

현재 우리사회의 중산층을 구성하는 집단에 화이트칼라로 대표되는 사무직과 관리직만 포함되어 있는 것은 결코 아니다. 블루칼라 노동자들, 특히 대기업이나 중견기업의 생산직 노동자들도 상당한 수준의 급여와 혜택을 누리며 중산층에 편입되어 있다. 그 결과 일부에서는 이들을 심지어 '노동귀족'이라고까지 부르는 실정이다.

그렇다면 산업화의 주역인 노동자 집단이 어떻게 '착취'를 당하지 않고 중산층으로 편입되었는지 우리는 궁금해 하지 않을 수 없다. 이 책은 바로 이 문제에 분석의 초점을 맞춘 책이다.

박정희와
1960년대 봉제산업 노동자
—『전태일 평전』에 따라도 착취 아니다

1. 『전태일 평전』의 함정
2. 전태일의 평화시장 경력과 임금상승 : '착취'라고?
3. 전태일의 노동운동 투신과 모범업체 구상 그리고
   분신 : '대학생 친구'가 없었다고?
4. 전태일의 선택 : 다른 동시대인의 선택은?
5. 전태일의 죽음은 아름답지 않다

사진 2.1 1983년 출판된 『전태일 평전』의 초판

이 장은 일부 내용이 류석춘(2016c, 2017a)에 발표되었다.

1. 『전태일 평전』의 함정

박정희 시대의 초반, 즉 1960년대의 산업화는 경공업에 의해 주도되었다. 경공업 가운데서도 재봉틀로 원단을 가공해 의복을 만드는 봉제산업이 당시를 대표하는 산업이다. 박정희 정부는 봉제품 수출을 위해 1964년 통칭 '구로공단'이라 불린 한국수출산업공단을 새로이 조성하고 수많은 여성노동자에게 일자리를 제공했다. 한편, 내수를 위한 봉제품 생산은 6·25 피난민이 모여 살던 청계천 평화시장에서 역시 여성노동자를 중심으로 이루어졌다. 이 여성노동자들을 당시에는 '여공'이라 불렀다.

당시 봉제산업 여공의 삶에 관한 기록은 많다. 김원(2005)의 『그녀들의 반역사』, 신순애(2014)의 『열세 살 여공의 삶』 등이 대표적이다. 그러나 이들 기록은 모두 노동운동 특히 노동해방이라는 마르크스주의적 관점을 전제로 주관적으로 쓰여졌다. 그렇기 때문에 이들 기록은 당시 노동시장의 객관적 상황, 즉 일자리는 없는데 일할 사람이 넘쳐나는 조건을 무시하고 있다.

조영래 변호사가 쓴 『전태일 평전』(1978년 일본어판, 1983 초판, 2009 신판. 이하, 『평전』) 또한 마찬가지다. 전태일은 1948년 태어나 1970년 만 22살의 나이에 분신으로 생을 마감한 청계천 평화시장 노동자다. 그의 삶을 기록한 조영래의 『평전』을 읽으면 전태일 그리고 당시 평화시장 근로자들이 겪은 삶의 조건에 독자들은 피가 거꾸로 솟지 않을 수 없다. 어린 전태일에게 지워진 삶의 무게는

사진 2.2 평화시장 봉제공장의 모습

너무나 버거운 데 반해 그를 도와주는 사회적 장치는 전혀 존재하지 않기 때문이다. 그래서 이 책은 전태일로 대표되는 당시 노동자들이 엄청난 '착취'를 당했다는 인식을 가슴속 깊이 심어 준다.

『평전』에 따르면 전태일은 1964년 봄 그의 나이 16살에 평화시장의 '시다' 자리를 천신만고 끝에 구한다. 그러나 가족의 생계는 물론이고 심지어는 스스로조차 돌보기 어려운 악조건에서 벗어나지 못한다. 마침내 그는 일자리를 얻은 지 만 6년 반 만인 1970년 11월 13일 22살의 나이에 열악한 근로조건에 저항하는 최후의 수단으로 분신자살을 선택한다. 이러한 『평전』의 내용 때문에 전태일은 당시 '착취'당하던 우리나라 노동자를 상징하는 인물로 널리 알려지게 되었다.

그러나 『평전』을 찬찬히 비판적으로 분석해 보면 과연 이러한 평가가 정당한가 의구심을 갖게 하는 내용이 많다. 가장 중요한 문제로 지적되어야 할 내용은 책 전체에 숫자로 등장하는 돈의 가치다. 숫자는 객관적으로 보인다. 또한 모든 액수가 당시의 물가로 표시되어 그의 분신 후 47년이 지난 2017년 오늘날의 눈으로 읽으면 그 액수가 정말이지 터무니없이 작다는 느낌을 갖게 한다. 물론 이 문제는 『평전』이 처음 우리말로 출판된 1983년을 기준으로 생각하더라도 마찬가지다. 또한 물가가 우리보다 훨씬 비싼 일본에서 1978년 출판된 책에 한국 돈 '원'으로 표시된 숫자는 더욱더 그러한 효과를 가졌을 것이다.

만약 독자들이 2017년 오늘날의 기준과 전태일이 살았던 1960년대 후반의 기준을 오가며 돈의 가치를 따져 보는 번거로움을 감수할 생각을 잠시라도 한다면 그나마 다행이다. 그러나 이 문제에 제대로 접근하기 위해서는 물가상승률과 GDP 디플레이터(deflator)를 조합할 수 있는 경제학 지식이 필요하다. 그렇기 때문에 평범한 독자에게 이 문제는 여전히 어려운 문제로 남을 수밖에 없다.

여기에서는 우선 『평전』에 등장하는 당시 월급의 가치를 전태일의 직장 경력이동 및 그에 따른 임금상승과 교차시키며 분석하고자 한다. 조영래 변호사의 화려한 수사 때문에 대부분의 『평전』 독자는 전태일이 어린 나이에 엄청난 '착취'를 당하였고 또한 그것이 전태일의 경우만이 아니라 당시 노동자들 모두가 겪은 일이라고 생각하기 쉽다. 이 글은 바로 이 대목을 『평전』의 내용에 기초해 본격적으로 따져 보는 글이다.

다음, 이 글은 전태일을 분신자살이라는 선택으로 몰고 간 당시의 상황을 입체적으로 접근해 보고자 한다. 혹시 조영래의 『평전』은 전태일의 노동운동 투신과 분신에 관해 있었던 사실 가운데 일부를 의도적으로 왜곡 및 축소하거나 감추고 있지는 않은가? 조영래의 『평전』을 청계천 평화시장의 노동운동을 증언하는 다른 기록과 교차시킬 때 앞뒤가 맞지 않는 부분은 없는가? 만약 그렇다면 조영래의 『평전』은 있는 그대로의 전태일을 그리기보다는 특정한 목적을 위해 사실을 왜곡한 글이라는 비판을 피할 수 없다.

마지막으로, 이 글은 당시를 살았던 다른 사람들의 선택과 비교하여 전태일의 선택의 의미를 상대적, 객관적으로 조명해 보고자 한다. 그의 극단적인 선택, 즉 분신자살이 과연 조영래의 『평전』이 말하듯 정말 불가피한 선택이었는지를 재검토하기 위해서다. 물론 이 작업을 위해서는 비교의 대상을 전태일과 비슷한 경우로 국한해야 함은 더 말할 필요도 없다.

2. 전태일의 평화시장 경력과 임금상승 : '착취'라고?

여기서는 『평전』에 제시된 여러 가지 근로조건 문제 가운데 특히 전태일과 봉제산업 노동자의 경력이동 및 임금상승 문제를 집중적으로 살펴본다. 물론 모든 자료는 『평전』에 제시된 숫자를 근거로 논의한다. 구체적인 사실의 확인이 필요한 내용은 2009년 신판 『전태일 평전』(조영래 2009)의 쪽수를 일일이 밝혀 독자들이 확인하기 쉽도록 구성했다.

『평전』에 따르면 전태일은 1964년 봄 '삼일사'의 '시다'로 취직하면서 월급을 1,500원 받았다(85-87쪽). 그는 1년 후 1965년 같은 회사의 '미싱보조'가 되면서 월급이 두 배로 뛰어 3천 원이 되었다(88쪽). 그로부터 다시 1년 후인 1966년 가을 그는 회사를 '통일사'로 옮기며 '미싱사'로 승진하여 월급이 7천 원으로 상승한다(109쪽). 이를 정리해 보면 전태일은 '시다 → 미싱보조' 승진 사다리를 1년 만에, 그리고 '미싱보조 → 미싱사'라는 다음 단계의 승진 사다리를 다시 1년 만에 올라갔음을 알 수 있다. 또한 그러한 승진의 결과 월급이 만 2년 동안 무려 4.6배 상승하였음도 알 수 있다.

이와 같은 전태일의 경력상승은 『평전』이 기술하고 있는 평화시장의 일반적 경력이동 패턴과 비교해도 매우 빠른 경우다. 『평전』은 당시 평화시장에서 '시다'로 시작해 '미싱보조'로 승진하는 데 필요한 시간을 1.5~2년, 그리고 '미싱보조'에서 '미싱사'로 승진하는 데 필요한 시간을 3~4년이라고 밝히고 있기 때문이다(82-83쪽). 다시 말해 『평전』은 당시 평화시장의 승진 사다리에서 '시다'에서 '미싱사'까지 올라가는 데 최소 4.5년~최대 6년이 필요하다고 기술하고 있다. 이 승진의 사다리를 전태일은 불과 2년 만에 올라갔다.

전태일의 이러한 고속 승진의 배경에는 부친의 영향이 없지 않았다. 전태일의 부친은 이미 1950년대에 재봉틀을 소유하고 양복

제조업에 종사한 경력이 있기 때문이다(18쪽). 부친은 비록 불의의 사고로 사업에 실패했지만 전태일은 부친의 영향으로 집안에서 봉제 일을 배우며 이미 상당한 숙련을 얻을 수 있었다. 이에 더해 전태일의 일에 대한 성실성은 물론 가족을 돌보아야 한다는 경제적 절박함도 이와 같은 고속 승진에 한몫 했을 터이다.

그러나 전태일은 이에 만족하지 않는다. '미싱사'보다는 '재단사'가 훨씬 더 좋은 대우를 받는다는 사실을 알고 있었기 때문이다. 그리하여 그는 '재단사'가 되기 위해 노력한다. '미싱사'가 되고 난 직후인 1966년 추석 대목 후 그는 회사를 '한미사'로 옮기며 '재단보조'가 된다(111쪽). 그는 '재단보조'가 '미싱사'보다 대우가 훨씬 나쁘다는 사실을 잘 알고 있었다. 그러나 '재단보조'를 거쳐야 '재단사'가 될 수 있다는 더 중요한 사실도 물론 잘 알고 있었기 때문에 그러한 선택을 할 수 있었다. '재단보조'가 된 그의 월급은 비록 3천 원으로 줄었지만(110쪽), 그로부터 반 년 후인 1967년 2월 마침내 그는 같은 회사인 '한미사'에서 '재단사'로 승진한다(117쪽). 평화시장에 '시다'로 들어 온지 딱 3년 만의 일이다.

『평전』은 그가 재단사가 된 후 받은 월급이 얼마인지 분명히 밝히고 있지 않다. 그러나 『평전』은 여러 곳에서 당시 평화시장 '재단사'의 월급이 1만 5천 원부터 3만 원까지의 범위 내에 있었음을 증언하고 있다(98, 261쪽). 그러므로 이 범위 안에서 전태일이 갓 재단사로 승진한 직후, 즉 1967년 3월에 받은 월급이 『평전』이 제시한 재단사 임금 범위의 하한인 1만 5천 원이라고 보수적으로 추정해도 무리가 없을 것이다.

이상을 토대로 『평전』에 나타난 전태일의 경력이동과 임금상승을 종합적으로 정리해 보자. 전태일은 16살이 되던 1964년 봄 평화시장에서 '시다'로 일을 시작해 만 3년 만인 19살이 되던 1967년 봄 '재단사'가 되었으며, 같은 기간 그의 월급은 1,500원에서 1만 5천 원으로 정확히 10배 올랐다. 엄청난 임금상승이 아닐 수 없다. 같은 기간 소비자물가상승률이 매년 10퍼센트대 초반이었음을 감안해도 이러한 임금상승은 요즘 기준으로 상상할 수 없는 수준이다.

3년 만에 임금이 10배 상승한 전태일의 상황을 오늘날의 맥락에 대입해 보면 그러한 임금상승이 얼마나 파격적인지 더욱 분명히 알 수 있다. 2017년 오늘날, 전태일이 시다로 취직한 나이인 16살에 비정규직으로 최저임금을 받는 사람이 있다고 치자. 그렇다면 그의 월급은 '(시간당 최저임금 약 6천 원) × (하루 8시간) × (주 5일) × (월 4주)'의 계산으로 대략 96만 원 수준이다. 이 노동자가 3년이 지나 19살이 되면서 정규직이 되고 또한 임금이 열 배로 상승했다고 치자. 그렇다면 그의 월급은 960만 원으로 수직상승한다. 이 정도의 임금상승이면 요즈음도 하루 8시간이 아니라 12시간, 주 5일이 아니라 7일, 그리고 한 달 내내 쉬지 않고 일할 사람이 얼마든지 있을 것이다. 전태일이 겪었던 열악한 노동조건은 둘째 치고 그의 임금상승은 정말이지 파격적이었음에 틀림없다.

1964년 전태일이 받은 월급 1,500원을 복지제도가 갖춰진 오늘날의 상황에서 최저임금 월급 96만 원과 동일하게 취급하는 것은

사진 2.3 1977년 수출 100억 달러 달성 기념식에 참석한 여
공들

지나치게 낙관적인 추정이라고 비판할 수 있다. 그렇다면 당시 그
가 받은 월급 1,500원을 오늘날 시간당 받는 최저임금의 절반 수준
이라고 가정해 보자. 그렇다면 시급은 대략 3천 원이고, 월급은 48
만 원 수준이다. 이 임금이 3년 만에 10배로 오르면 월급 480만 원
이 된다. 여전히 '착취'라는 말은 절대 할 수 없다. 3년 동안 임금이
10배 오른 사실은 변함이 없기 때문이다.

학교를 다닐 수 없는 가정형편 때문에 16살 나이에 직장을 구하러 나온 젊은이에게 당시 사회는 일자리를 주었고, 그로부터 3년 만에 월급을 열 배나 받게 해 주었다. 또한 전태일은 이로부터 다시 3년 후인 1970년 재단사가 되면서 월급을 2만 3천 원 받았다고 스스로 밝히고 있다(256쪽). 그렇다면 전태일의 월급은 1964년부터 1970년까지 6년 동안 무려 15배 이상으로 상승한 셈이다. 이를 두고 과연 누가 착취라는 말을 꺼낼 수 있는가?

자유경제원이 전태일 분신 46주기를 맞이해 2016년 11월 개최한 세미나 '전태일 생애 바로 보기: 누가 전태일을 이용하는가'에서 발표된 경제학자 박기성 교수의 글 "근로기준법이 전태일을 죽음으로 몰고 갔다"에 제시된 다음 인용문이 착취가 아니었음을 다시 한 번 객관적으로 뒷받침한다.

> 전태일의 월급 2만 3천 원에 12달을 곱해 연봉으로 환산하면 27만 6천 원이 된다. 1970년 한국의 1인당 국내총생산은 8만 7천 원이었으므로 연봉 27만 6천 원은 당시 1인당 국내총생산의 3.2배였다. (박기성 2016; 류석춘·박기성 2017: 31)

대한민국 평균소득의 3배를 넘게 받던 사람이 착취를 당했다고?

전태일의 임금상승과 경력이동은 아버지의 영향 때문에 매우 예외적인 경우라고 치자. 그렇다면 전태일이 아닌 평화시장의 평범한 다른 여성노동자들의 경우는 어땠을까? 앞의 설명에 따르면 당시 평화시장의 노동자는 최대 6년이면 '시다'에서 '미싱사'로 승진할 수 있었다. '시다'에서 '미싱보조'까지 최대 2년, 그리고 다시 '미싱보조'에서 '미싱사'로 최대 4년이 걸린다고 『평전』이 기술하고 있기 때문이다(82-83쪽).

『평전』은 전태일이 시다로 처음 받은 월급이 1,500원, '미싱보조'가 되어 처음 받은 월급이 3천 원, 그리고 '미싱사'가 처음 되어 받은 월급이 7천 원이라고 각각 밝히고 있다. 물론 『평전』이 제시하는 전태일의 보수는 각각의 직책에 따른 월급일 것이다. 따라서 전태일이 아닌 다른 노동자 누구라도 그러한 직책에 따른 보수를 동일하게 받았을 것이라고 가정할 수 있다.

그렇다면 평범한 여성노동자 누구라도 '시다'로 일을 시작해 '미싱보조'를 거쳐 마침내 '미싱사'가 되는 데 필요한 시간이 최대 6년이고, 그 기간에 월급은 1,500원부터 3천 원을 거쳐 7천 원으로, 즉 6년 만에 임금이 4.7배 상승함도 알 수 있다. 즉, 평화시장 노동자는 누구라도 6년 만에 임금이 5배 가까이 상승했다는 결론이다. 그렇다면 전태일의 경우는 말할 것도 없고, 당시 평화시장 노동자 누구에게도 '착취'라는 용어를 적용할 수 없다.

그림 2.1이 이와 같은 청계천 평화시장의 임금 상황을 종합적으로 정리하고 있다. 그림은 농촌의 남아도는 인력이 무작정 서울에 와 평화시장에서 6년 일하면 당시 우리 국민의 1인당 평균소득에 근접한 월 7천 원의 봉급을 받을 수 있었음을 보여 준다. 그러므로

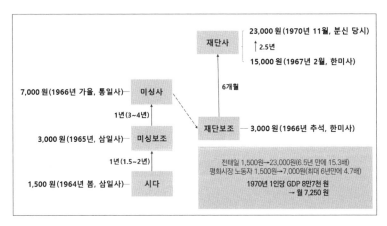

그림 2.1 『전태일 평전』에 나타난 전태일 및 평화시장 노동자의 경력 및 임금 상승
요약

『평전』내용을 꼼꼼히 따져 본 결과는 1960년대 봉제산업 노동자
의 상황을 기술하는 과정에서 '착취'라는 단어가 노동운동의 활성
화를 위한 수단으로 활용되었을 뿐임을 적나라하게 드러낸다.

이러한 상황은 비단 청계천 평화시장 여공들에게만 해당되는 일
이 아니었다. 같은 상황을 구로공단 여공들에게도 고스란히 적용
할 수 있기 때문이다. 당시 농촌의 유휴인력으로 존재하던 젊은 여
성들은 일자리를 찾아 무작정 상경하는 경우가 많았다. 온갖 곡절
끝에 그들의 상당수는 마침내 구로공단 혹은 평화시장에 어렵사리
취직했고, 강도 높게 일했다. 그러나 힘들게 노동했지만 동시에 그
들은 경력의 상승에 동반한 임금의 상승을 통해 시골에 있는 부모
의 생활비와 형제들의 학비를 대며 계층의 사다리를 착실히 올라가
고 있었다. 그런데 '착취'라고? 이들이 정말 착취를 당했다면 당시

구로공단이나 평화시장에 구름처럼 몰려든 젊은 여성 노동자들의 존재를 어떻게 설명할 수 있는가? 착취당하기 위해 모였다고?

3. 전태일의 노동운동 투신과 모범업체 구상 그리고 분신: '대학생 친구'가 없었다고?

일자리에 비해 인력이 넘쳐 나던 당시의 상황에서 평화시장에 취직이 되고 또한 앞에서 살펴본 바와 같은 엄청난 경력과 임금의 상승이동을 경험한 사실은 19살 전태일이 개천에서 용으로 비상하는 기회를 잡은 것과 다름없는 모습이다. 그러나 『평전』에 따르면 전태일의 고민은 재단사가 되고부터 오히려 깊어졌다고 한다. 자신에게 요구되는 감당할 수 없는 노동의 강도는 물론이고 주변의 어린 여공들이 처한 열악한 노동조건에 충격을 받았기 때문이라고 『평전』은 설명한다(117-37쪽).

이러한 고민으로부터 '노동운동가' 전태일의 탄생을 예고하면서 조영래는 『평전』에서 다음과 같이 말한다.

> 이렇게 괴로운 날들이 이어졌다. 이제 전태일의 머릿속은 기술자가 되어 돈을 더 벌겠다든지, 대학교를 가겠다든지 하는 생각보다 날마다 눈앞에 부딪히는 동료 직공들의 딱한 사정을 어떻게 해결해 주나 하는 생각으로 꽉 미어지게 되었다. (132쪽)

이후 재단사 전태일은 만 20살이 되던 1968년 봄부터 고용주와 갈등을 반복하면서 해고와 재취업이라는 불안정한 생활을 이어 갔다. 동시에 그는 '근로기준법', '노동조합' 등 노동운동에 필요한 공부를 하며 "대학생 친구가 하나 있었으면 원이 없겠다"는 말을 입버릇처럼 하게 되었다고 한다(166쪽).

전태일은 재단사가 된 지 만 2년 후인 21살, 즉 1969년 6월에 동료 재단사들을 모아 '바보회'라는 노동운동단체를 결성한다. 그와 동시에 근로기준법을 준수하면서 종업원들에게 인간다운 대우를 해 주는 '모범적인 피복업체'를 만들어 보겠다는 구상을 펼친다. 전태일은 모범업체의 목적을 "정당한 세금을 물고, 근로기준법을 준수하고도, 제품 계통에서 성공을 할 수 있다는 것을 여러 경제인에게 입증시키고, 사회의 여러 악조건 속에 무성의하게 방치된 어린 동심들을 하루 한시라도 빨리 구출하자는 데 그 취지가 있다"(223쪽)고 밝히고 있다.

그러나 이는 전태일 스스로도 인정하고 있듯이 "현실적으로 이루어지지 않을 실로 어처구니없는 공상"(226쪽)이었다. 왜냐하면 『평전』에서 무려 10쪽이나 차지하고 있는 이 구상의 구체적인 내용 어디에도 기업은 이윤 추구를 전제로 성립한다는 기본적인 조건에 대한 이해를 발견할 수 없기 때문이다(220-30쪽). 다시 말해 이 모범업체는 '기업'이라기보다는 '복지단체'에 가까운 모습이었다.

모범업체의 운영에 필요한 자본금 3천만 원을 구하는 방안 또한 이러한 해석을 뒷받침한다. 『평전』에서 조영래는 전태일이 "자기의 눈알 하나를 빼서 실명자에게 기증하여 그 사실이 신문에 보도가 되면 그 신문을 본 독지가가 그의 사람됨을 믿고 투자를 할 거라는 생각"이었다고 설명한다(232쪽). 『평전』은 또한 전태일이 실제 이런 편지를 보냈으나 반송되었다고 증언하고 있다. 조영래는 모범업체 구상이 실현 불가능하다는 사실을 깨달은 전태일이 마침내 죽음이라는 마지막 선택을 '스스로' 결단하는 과정을 다음과 같이 설명한다.

> 삶의 문제는 결국 죽음의 문제이며, 죽음의 문제는 결국 삶의 문제이다. 비인간의 삶에 미련을 갖는 자는 결코 인간으로 살 수 없다. 전태일이 죽음을 각오한 투쟁을 결단할 수 있었던 것은 그가 비인간의 삶에 대한 온갖 미련을 떨쳐 버릴 수 있었기 때문이었다. 그가 이 사회의 밑바닥에서 겪고 보아 온 비인간의 삶은 너무나도 "지긋지긋하고 답답한" 것이었다. 그것을 철저히 인식하였을 때 그는 그것을 철저하게 증오하지 않을 수 없었다. 그는 비인간적인 현실의 "덩어리에 뭉쳐지기"를 원하지 않는다고 외쳤다. 그는 "죽음 그 자체를 두려워하기 전에 (비인간의) 삶 그 자체에 환멸을 느낀다"고 고백하였다. 그리고는 아주 분명하게 "나를 버리고, 나를 죽이고 가마"라고 말하였다." (241-42쪽)

그러나 이 설명은 『평전』이 드러내고 싶어 하지 않는 매우 중요한 쟁점을 숨기고 있다. 다름 아닌 남정욱 교수가 2016년 7월 자유

경제원 세미나에서 발표한 글 "70년대 노동운동, 전태일 그리고 불편한 진실"에서 지적하고 있는 문제다. 남정욱 교수는 "전태일에게 대학생 친구는 물론 대학생 멘토까지 있었다"고 지적한다. 남정욱의 설명을 잠시 들어 보자.

> 사울 알린스키(1909~1972)라는 인물이 있다. 버락 오바마와 힐러리 클린턴이 모두 존경하는 미국의 급진적 사회운동가로 1939년 시카고 빈민촌에서 주민들을 조직화하는 등 실천적 조직과 이론을 정립했다. 그의 이론 중에 '지역사회이론'이란 게 있다. "잠자는 민중을 깨워 리더를 양성시킨 뒤 그들 스스로 문제를 해결하도록 한다"는 내용이다. 이전까지는 활동가가 지역에 침투해서 직접 조직을 꾸리는 방식이었다. 그것이 현장에서 발굴한 리더를 통해 운동을 진행하는 방식으로 바뀐 것이다. 알린스키는 절망에 빠져 있는 사람들의 옆에 앉아 조용한 말로 설득했다. "당신을 구할 사람은 당신뿐"이라고 부추기고 그 선동에 책임을 지는 것이 사회개혁의 근간이라고 알린스키는 주장했다. 운동이 시작될 때 조직가는 그 바람을 타고 주인 행세를 해서는 안 되며 훈련된 조직가는 선택한 현장에서 3년 이내에 운동을 일으키고 운동이 일어나면 바로 그곳을 떠나라고 그는 가르쳤다. (남정욱 2016; 류석춘·박기성 2017: 16)

우리나라 운동권 역사에서 나름 중요한 위상을 차지하고 있는 예일 대학교 신학부 출신의 오재식(1938~2013)은 『기독교 사상』

1970년 12월호에 기고한 "어떤 예수의 죽음"(오재식 1970)이라는 글에서 자신이 누구보다 전태일의 분신 소식을 현장을 통해 가장 빨리 알았던 사람이라고 주장한다. 그 오재식이 솔 앨린스키(Saul Alinsky)의 영어책 *Rules for Radicals* (Alinsky 1971)를 번역해 아르케에서 2008년 출판한 책 『급진주의자를 위한 규칙』의 추천사에서 다음과 같은 증언을 하고 있다.

> 나는 귀국 후 다시 기독학생운동으로 복귀하여 기독학생운동 단체들의 통합 과정에서 한국학생사회개발단(학사단)을 결성할 것을 제안했다. 그리고 1967년에 출범한 학사단 운동에 사회문제에 대한 앨린스키의 접근방법을 풀어 넣었다. 훈련받은 학생들은 두세 명으로 팀을 구성하여 서민들의 수많은 삶의 현장에 투입되었고 신분을 밝히지 않은 채 현장의 목소리와 울음소리를 수록하였다. 현장의 상황을 정확하게 파악한 후, 선동하지 않고 차분하게 그들을 조직하는 것이 목적이었다. 이렇게 접근한 수많은 현장 가운데 하나가 1970년 전태일 분신사건이었다. 이 비극적인 사건은 노동운동자들의 운동을 활성화시키는 기폭제가 되었다. 기독학생운동이 노동운동과 손을 잡고 1970년대 '민주화운동'을 시작하게 된 것이다. (사울 앨린스키 2008: 7)

같은 글에서 그는 앨린스키가 한국과도 짧지만 깊은 인연을 가지고 있음을 다음과 같이 설명하고 있다.

1968년에 […] 미국 장로교의 조지 타드 목사는 허버트 화이트 (Herbert White)란 조직가를 […] 한국에 보냈다. 화이트는 연세대학교 도시문제연구소를 베이스로 하고 수도권선교협의회에 가담해서 서울 청계천의 빈민촌을 중심으로 조직가들을 훈련하기 시작했다. […] 화이트는 알린스키의 훈련을 받은 사람으로 미국 뉴욕 주의 로체스타에서 코닥(Kodak)을 상대로 한 주민조직을 성공시킨 조직가였다. 수도권선교협의회는 위원장 박형규 목사를 중심으로 화이트에게서 훈련받은 젊은 조직가들의 행동반경을 확대시켰다. 이 훈련계획은 2년간 계속되었고 15명에 가까운 사람들이 과정을 마쳤다. 이렇게 조직된 수도권 팀은 도시산업선교회 사람들과 연대하여 1970년대 한국 민주화운동의 근간을 만들었다. (사울 알린스키 2008: 15)

오재식의 글이 사실이라면 조영래의 『평전』은 청계천 평화시장을 둘러싼 노동운동의 전개에 외부의 훈련된 세력이 개입하고 있었던 사실을 의도적으로 숨기고 있는 셈이다. 공교롭게도 그 외부 조직이 활동한 시기는 조영래의 『평전』이 후반부에서 기술하는 전태일의 노동운동 투신 과정과 정확히 시간적으로 겹친다.

그래서 그런지 조영래의 『평전』은 후반부로 갈수록 내용이 치밀하지 못하다. 그래서 『평전』에 의거해서는 사실적인 전태일의 삶을 전반부와 같이 재구성할 수 없다. 평화시장 생활의 전반부, 즉 '시다' 생활을 시작한 1964년 봄부터 '재단사'가 되는 1967년 봄까지 3년간의 시간은 『평전』에 의거해 전태일의 삶을 거의 완벽하게 재구성할 수 있다. 그만큼 전반부의 『평전』은 명확하다. 반면에 전태일이 노동운동에 본격적으로 관심을 가지게 되는 1968년 봄부터 분신하는 1970년 11월까지 2년 반 동안의 기간에는 『평전』에 따라 전태일의 삶을 명쾌하게 복원하기 어렵다. 평화시장에서의 해고와 재취업이 두서없이 반복되고, 또 그 사이사이에 공사장의 막노동, 심지어는 삼각산 기슭의 엠마뉴엘수도원 신축공사 현장 생활 5개월 등이 뒤엉켜 등장하며 전태일의 생각을 두서없이 나열하고 있기 때문이다. 그렇다면 『평전』이 분명하게 설명하지 못하는 이 기간이 바로 오재식이 언급한 외부세력과의 접촉이 진행된 시기가 아닐까?

그렇기 때문에 조영래의 『평전』은 1968년 이후의 전태일 삶을 파편적으로밖에 기술할 수 없었다는 추론이 가능하다. 다시 말해 후반부의 『평전』 내용은 전태일의 활동을 입체적으로, 그리고 연속적으로 접근하기 어렵도록 상황 설정을 시공간적인 맥락에서 의도적으로 분절시키고 있다.

한편 조영래의 『평전』은 전태일 주변의 등장인물에 관한 서술에서도 조악한 모습을 보인다. 예컨대 가명인 '김개남'의 첫 등장을 『평전』은 다음과 같이 기술하고 있다. "1968년 봄 평화시장 재단사인 '김개남'은 전태일을 알게 되었다"(145쪽). 『평전』의 주인공은 당연히 전태일이다. 그렇다면 이 부분의 기술은 당연히 "전태일은 김개남을 알게 되었다"로 표현해야 한다. 주어와 목적어의 순서를 뒤바꾼 이유는 무엇일까? 외부세력의 의도적 접근과 관찰을 무심코 노출시킨 표현이 아닐까? 그렇다면 가명으로 등장하는 '김개남'이야말로 오재식이 증언하고 있는 현장조직에 침투한 활동가일 가능성이 높다.

『평전』이 제시하는 '바보회'의 활동 지침을 결정하는 과정도 석연치 않기는 매한가지다(160-62쪽). 그중 한 가지인 '모범업체'를 설립하는 구상이 얼마나 비현실적이었는지를 우리는 앞에서 확인할 수 있었다. 그런데 같은 지침 가운데 또 다른 하나인 근로자들의 '노동실태 조사'에 관한 발상은 당시로선 정말이지 매우 선진적이고 기발한 아이디어임에 틀림없다. 오늘날에는 흔히 사용되고 있지만, 당시에는 매우 획기적인 방식인 설문조사를 통해 실태조사를 했기 때문이다.

근로기준법의 조문조차 이해하지 못해 "대학생 친구 하나만 있으면 원이 없겠다"던 전태일과 그의 동료들이 그렇다면 어떻게 '설문조사'라는 참신하고도 과학적인 아이디어를 낼 수 있었을까? 오재식과 같은 인물로부터 교육받아 노동운동의 이론과 실제를 이미 알고 있는 활동가의 영향 없이 과연 전태일 스스로 생각하고 판단해서 '설문조사'라는 방식을 선택할 수 있었을까? 대학생 운동세력의 접근을 의심하지 않을 수 없는 대목이다.

우여곡절 끝에 전태일은 마침내 1970년 9월, 죽음도 마다 않겠다는 결심과 함께 평화시장으로 돌아온다. 그리고 월급 2만 3천 원을 받는 재단사로 '왕성사'에 취업한다(245, 256쪽). 다른 한편 그는 김개남과 연락하며 '바보회'를 계승할 '삼동회'를 조직하고, 평화시장 노동자 126명에 대한 설문조사를 실시하여 같은 해 10월 6일 노동청장에게 '평화시장 피복제품상 종업원 근로개선 진정서'를 제출한다. 다음날 10월 7일 신문은 그 진정서의 내용을 대서특필하여 전태일은 크게 고무된다.

그러나 언론보도 이후 말로만 이루어지는 형식적인 관심과 지원, 나아가서 그 배후에서 이루어지는 실질적인 노동운동에 대한 탄압을 겪으며 전태일은 시위와 저항의 악순환에 좌절한다. 전태일은 결국 1970년 11월 13일 만 22세의 나이에 "근로기준법을 준수하라", "우리는 기계가 아니다! 일요일은 쉬게 하라!", "노동자들을 혹사하지 말라"는 구호와 함께 시위가 예정된 광장으로 석유를 뿌리고 뛰쳐나오며 분신자살한다.

이 마지막 결정적 순간에 관해서도 『평전』은 석연찮은 대목을 남긴다. 석유를 뒤집어 쓴 전태일에게 불을 붙인 인물이 누구인지를 밝히고 있지 않기 때문이다. 스스로인가? 다른 동료 운동가인가? 동료라면 누구인가?

2009년 신판으로 출판된 『전태일 평전』은 "내 죽음을 헛되이 하지 말라"는 확인할 수 없는 전태일의 마지막 유언을 강조하며 끝을 맺는다. 그러나 1983년 초판 『전태일 평전』은 이 부분의 내용이 전혀 다르다(이 책 부록1 및 2 참조). 1983년 초판은 이 대목에서 '김개남'이 성냥불을 붙인 사실을 명확히 기술하고 있다. 그러므로 전태일은 김개남의 도움을 받아 분신했다. 그런데 왜 2009년 『평전』은 분신 현장에서의 김개남의 역할을 지웠을까? 김개남은 과연 누구인가? 『평전』이 말하듯 이 이름은 가명이다. 그렇다면 앞에서 추론하였듯 김개남이야말로 학생운동 출신으로 노동운동 현장에 투신한 활동가 조직원일 가능성이 높다.

이러한 추론을 뒷받침하는 기록은 또 있다. "학생운동권 대부에서 분쟁지역 돕기 나선 '양국주'의 탈레반 인생"(문갑식 2009)이라는 조선일보 2009년 10월 31일 기사. 조선일보 주말판 'WHY'는 당시 '문갑식의 하드 보일드'라는 문패를 달고 다음과 같은 인터뷰 기사를 내보냈다. 질문자는 문갑식 기자이고 응답자는 양국주다.

목사에서 운동권 투사(鬪士)로

1949년 전북 정읍에서 태어난 양국주의 삶에 딱 어울리는 영어 표현이 있다. '은(銀)수저를 입에 물고….' 그의 아버지 양재열은 부호(富豪)였다. 그는 한국칼라인쇄와 주사기 관련 업체를 경영하고 있었다. 한국칼라인쇄는 대한민국 달력 전부를 인쇄한다는 말을 들을 정도였다. 정읍서(西)국민학교 4학년을 마치고 서울 혜화국민학교로 전학 온 양국주의 집은 돈암장 터였다. 넓은 집만큼 돈이 많았고 각계에 걸친 인맥도 두터웠다. 그보다 더 굳건한 건 예수를 향한 믿음이었다. 양재열은 정읍과 서울 잠실에 대형 교회 2개를 지어 봉헌(奉獻)했다. 경신중고를 마치고 숭실대 3학년 진급을 앞둘 때 양국주는 아버지처럼 되고 싶어했다. 꿈이 목사였다.

— 그 꿈이 왜 바뀐 겁니까.

"제가 연세대 철학과 2학년으로 편입했습니다. 그곳에서 기독학생회(SCA)라는 서클에 들어가면서 삶이 바뀌었지요. 연대 SCA 회장에 이어 한국기독학생연맹 의장이 되면서 자연스럽게 운동권이 된 겁니다."

— 박정희 정권에 반대했나요.

"처음 한 일은 71년 대선(大選) 때 야당후보였던 김대중의 개표 참관 감시활동을 했습니다. 전국에서 운동권 학생들이 참관단을 결성했는데 저는 200명을 열차에 태워 충북 제천, 단양으로 갔습니다. 물론 경찰 제지로 기차에서 내려 보지도 못했지만요."

— 그리고요.

"이후 교련(敎鍊) 반대 투쟁이 이어졌고 위수령(衛戍令)이 발동되면서 구속됐지요. 두 달간 교도소에 있다 전방 21사단으로 강제 징집됐습니다."

— 운동권들을 왜 전방으로 보냈을까요. 혹시 휴전선을 넘어갈 수도 있을 텐데.

"당시 운동권은 지금 같은 종북반미(從北反美)가 아니었어요. 교련 반대했으니 고생 좀 해보라는 것이었겠죠. 정보가 샐 수 있는 행정병 같은 보직은 안 줬어요. 심지연(沈之淵·경남대 교수), 고(故) 최재현 서강대 사회과학대학장이 같은 부대에 있었습니다."

— 당시 운동권은 어땠습니까.

"소올 알린스키의 '지역사회이론'을 혹시 압니까? 그는 마틴 루서

킹 목사의 최측근입니다. 지역사회이론의 요체는 '잠자는 민중을 깨워 리더를 양성시킨 뒤 그들 스스로 문제를 해결하도록 한다'는 내용입니다. 예를 들면 전태일 같은 인물이 그렇지요."

— 그를 압니까?

"분신(焚身)할 때 곁에 있었으니까요. 전태일은 지금 미국 샌디에이고에 있는 이승종 목사가 교육시켰지요."

— 고 조영래 변호사가 『전태일 평전』을 썼지요.

"전태일은 과격하고 다혈질이었어요. 나중에 노동열사(烈士)가 됐지요. 박종철이나 이한열이 민주열사가 된 것처럼. 그건 시대의 아픔이 후일 하나의 상징으로 변할 수 있음을 보여줍니다. 조영래 씨는 제 형(양창삼 전 한양대 대학원장)의 친굽니다. 나중엔 인권변호사가 됐지만 대학시절엔 정치색이 강했어요. 경남 함양에 국회의원으로 출마하겠다며 열심히 작업했지요."

— 그때 많은 인맥을 맺었다는 이야기를 들었습니다.

"최열, 서경석, 박원순, 마광수…. 지금 부부가 된 이종호와 신필균은 그때 서울상대와 이화여대 기독학생회 간부였고요. 헤아릴 수 없이 많아요. 얘기 나온 김에 당시 운동권 사정 좀 알려드릴까? 당시 학생운동은 네트워킹이 약했어요. 정부에서 월남에 맹호(猛虎)부대를 파견했잖아요. 당시 전국 대학의 학생회장 100여 명을 수송선에 태워 월남에 위문 보냈어요. 정부는 애국심을 고취시키려 한 건데 오히려 운동권의 결속력을 다지는 자리가 됐습니다."

조영래의 『평전』은 22살에 분신한 전태일의 삶에서 엄청나게 중요한 부분을 가리고 있다. 왜냐하면 외부세력이 "접근한 현장의 하나가 전태일의 분신사건"이라는 오재식의 공개적 증언이 『평전』 어디에도 등장하지 않기 때문이다. 또한 양국주의 증언 "분신할 때 곁에 있었"고, 전태일은 "지금 미국 샌디에이고에 있는 이승종 목사가 교육시켰"다는 내용도 『평전』에는 전혀 드러나지 않는다.

'김개남'의 정체는 과연 무엇인가? 과연 그는 전태일을 상대로 무슨 일을 하였는가? 1990년대 초 '유서 대필' 사건을 시작으로 유행처럼 번지던 운동권 대학생들의 자살을 보고 "죽음의 굿판을 걷어치우라"고 일갈했던 시인 김지하, 그리고 "죽음을 선동하는 어둠의 세력"이 존재하고 있음을 고발한 당시 서강대 총장 박홍 신부의 발언을 연상하지 않을 수 없다.

이 쟁점은 앞으로 보다 심층적인 분석과 조명이 필요한 부분이다. 특히 인터넷을 통해 접근한 자료인 **부록 3**이 단서가 될 수 있다. 미국 교포 잡지 *Korea Monitor*의 필진 가운데 한 사람인 이선명이 스스로의 경력에 "1970년 전태일 열사 분신사건 당시 전태일 씨의 일기를 단독 입수"라고 쓰고 있기 때문이다.

어찌 됐든 지금까지의 분석으로 이 대목에서 분명히 내릴 수 있는 결론은 다음과 같다. 다름 아닌 전태일의 "대학생 친구가 하나 있었으면 원이 없겠다"는 『평전』의 설명은 백 퍼센트 거짓말이라는 사실이다. '설문조사' 방식의 노동자 실태조사도 같은 결론으로 이끈다. 또한 다른 무엇보다 이 의구심은 『평전』이 보여 주는 분신

장면에 대한 기술이 1983년 초판과 2009년 신판이 다르다는 사실로도 뒷받침된다. 1983년에 있던 '김개남'이 2009년에는 사라졌다.

4. 전태일의 선택 : 다른 동시대인의 선택은?

전태일의 삶에 나타난 선택을 동시대를 살아간 다른 사람들의 선택과 비교하는 작업은 전태일의 삶은 물론 그의 죽음이 갖는 의미를 또 다른 각도에서 입체적으로 평가할 수 있는 근거를 제공한다. 그러나 이 작업을 설득력 있게 수행하기 위해서는 비교하는 사례의 선정이 엄격한 조건을 만족시켜야 한다. 전태일이 처했던 환경과 엇비슷한 환경을 헤쳐 나온 인물이어야 하기 때문이다. 물론 엇비슷한 연령대이면 더욱 좋다. 그래야 거시적인 한국 사회의 구조를 꼭 같이 견디며 살아간 경험을 공유하기 때문이다.

이를 위해 여기서는 노동부와 한국산업인력공단이 공동으로 매년 펴내는 『기능한국인 수기집』에 등장하는 인물을 분석 대상으로 삼았다. 이 책은 2007년부터 매 해에 달마다 1명씩 선정된 12명의 '기능한국인'의 자전적(自傳的) 수기를 담아 매년 한 권씩 출판되고 있다. 2016년까지 총 10권이 발행되었으며,[1] 각 권당 12명씩 도합

---

1 2016년까지 발행된 책의 제목은 다음과 같다. 『어머니의 냉수 한 그릇』(노동부·한국산업인력공단 2007), 『하얀 고무신』(2008), 『야생화』(2009), 『바위에 박힌 화살』(2010), 『열정의 온도를 높여라』(2011), 『인생을 바꾸는 기술』(2012), 『세상을 만들다』(2013), 『기술, 능력 중심 사회로 가는 길』(2014), 『기술로 세상을 바꾸다』(2015), 『기술로 세상을 움직이다』(2016).

120명의 삶의 기록이 생생하게 담겨 있다.

이 책에는 전태일 못지않게 어려운 환경에서 기술을 익혀 오늘날 자신의 분야에서 각자 명장(名匠, 마에스트로)의 경지에 오른 사람들에 관한 이야기가 서술되어 있다. 이들의 절대다수는 1950년대 농·어촌에서 태어나 1970년대에 진행된 중화학공업화와 더불어 어렵게 기술을 익혀 도시로 진출한 기능공들이다. 이들의 가정환경은 전태일의 상황과 크게 다르지 않다. 경제적 어려움 때문에 인문계 교육을 포기하고 공업고등학교나 직업훈련원 교육을 선택한 경우에서부터, 심지어는 초등학교 중퇴나 졸업 정도의 교육 배경만을 가지고 산업현장에 뛰어들어 기술을 익힌 경우도 많다.

구체적인 비교를 위해 선택한 사례는 2008년 책 『하얀 고무신』에 등장하는 금형(金型) 전문가 '서영범'이다. 그는 1947년생으로, 앞서 설명한 120명의 인물 가운데 1948년에 태어난 전태일과 가장 나이가 가깝고 또한 자라 온 환경도 비슷하다.

경기도 고랑포가 고향인 서영범은 1·4후퇴 때 부모님을 따라 서울로 내려왔다. 그의 나이 14살 때인 1961년 군인이던 아버지가 불의의 사고로 익사하고 나서부터 그는 어머니와 자신을 포함한 5남매를 돌보는 소년가장이 되었다. 아버지가 돌아가신 14살에 학업을 포기한 그는 곧바로 '신성금고'라는 금고 만드는 회사에 허드렛일을 하는, 즉 평화시장에서 16살 전태일이 하던 '시다'와 엇비슷한 조건으로 취업전선에 들어선다. 전태일보다 두 살이나 어린 나이에 그는 돈을 아끼기 위해 배를 곯으며 대흥동 집에서 회사가 있는 오장동까지 걸어서 출퇴근했다. 기술을 가르쳐주지 않는 선임들을 원망하며, 일과 후 쓰레기통을 뒤지면서 도면 읽는 공부를 하고 선반을 돌리는 기술을 익혔다.

그렇게 각고의 노력을 기울인 결과 3년 후 나이 17살이 되던 1964년 그는 '오리엔탈'이라는, 신수동에 위치한 릴낚싯대를 만드는 회사에 '선반기사'로 당당히 입사한다.[2] 전태일이 '시다'에서 '재단사'가 되는 3년의 세월과 꼭 같은 기간에 그는 마침내 '선반기사' 대우를 받으며 스카우트되어 직장을 옮길 수 있었다. 그러나 이 회사는 불행히도 자금압박을 견디지 못하고 그가 입사한 지 2년 만인 1966년에 파산하고 만다.

그러나 기술을 가진 19살 서영범은 별 어려움 없이 용강동에 있던 또 다른 회사인 '대광다이캐스팅'으로 즉시 직장을 옮길 수 있었다. 전태일과 마찬가지로 그도 주변으로부터 성실성을 인정받았고 또한 이번에는 '금형기사' 자격도 갖추었기 때문이다. 그는 이때 처음으로 월급다운 월급을 받았다고 기억한다. 전태일이 재단사가 되어 상당한 수준의 봉급을 받기 시작한 바로 그 나이와 같은 19살 때다.

2년 후 1968년, 21살이 되면서 그는 육군에 징집되었다. 전태일이 어린 여공을 위해 분신자살한 22살의 나이에 그는 대한민국 최

---

2 텍스트에는 1961년 입사한 '신성금고' 회사에서 6년을 버텼다고 기술하고 있지만(『하얀 고무신』, 114쪽), 이는 분명한 오기로 보인다. 왜냐하면 이어진 텍스트에서 그는 두 번째 직장인 '오리엔탈'에 2년을 근무했고, 마침내 세 번째 직장인 '대광다이캐스팅'에 처음 출근한 날이 1966년 5월이라고 분명히 밝히고 있기 때문이다(116쪽).

전방 비무장지대에서 국방의 의무를 다하고 있었다. 3년을 군에서 복무하고 1971년 24살에 만기제대하여 다시 '대광다이캐스팅'으로 복직했다. 2년을 더 같은 회사에 재직하던 그는 1973년, 26살에 당시 최고로 잘나가던 '기아자동차 소하리공장'으로 당당히 전직한다. 그리고 이듬해 그는 기아자동차에 근무하며 "나에게 특별히 선반 기술을 가르쳐준 사람은 없었지만 지난 세월 동안 순전히 현장에서 갈고 닦은 기술 하나만으로" 선반기능사 국가자격증을 취득한다.

1976년, 29세에 그는 마침내 월급쟁이 생활을 정리하고 독립하기 위해 기아자동차에 사표를 낸다. 퇴직과 동시에 그는 그동안 동생들 학비와 집안의 생활비를 대면서 근근이 남겨 모은 돈으로 선반기계를 한 대 장만하고, 마포에 있는 친구 회사의 작업장에서 더부살이로 일을 시작한다. 그로부터 6년 동안, 그러니까 35살이 되는 1982년 '용선정밀'이라는 회사를 창업할 때까지 그는 자신의 기계를 밤새워 돌리며 힘들지만 열심히 일했다. 그 과정에서 그의 나이 32살, 1979년엔 결혼도 했다. 용선정밀은 아들의 이름을 딴 회사였다.

창업한 1982년으로부터 26년이 지난 2008년 61살의 나이에 그는 마침내 '기능한국인'으로 선발되어 대한민국 최고의 경쟁력을 가진 금형업계의 선두주자 '대한민국 명장'으로 우뚝 섰다. 아들의 이름을 걸고 시작한 창업의 각오 덕분에 그는 금형 부문에서 온갖 종류의 특허를 낼 수 있었다. 2008년 현재 그의 회사는 문래동에 제1공장, 김포에 제2공장을 두고 12명의 종업원을 고용하며 연간 매출액 20억 원을 자랑하고 있다.

그는 또한 회사일 외에도 불우이웃돕기 등 각종 사회활동에도 적극적인 모습이다. 소외된 이웃들과의 나눔을 통해 많은 것을 배우고 있다고 그는 수기에서 수줍게 고백하고 있다. 22살의 나이로 어린 여공들의 근로조건을 개선시키기 위해 생을 마감한 전태일의 삶 혹은 죽음과 비교하여 과연 금형전문가 서영범의 삶은 의미가 없는 삶인지를 거꾸로 묻지 않을 수 없다.

이러한 평가는 비단 이 글에서 전태일과 비교하는 작업의 구체적 사례로 삼은 서영범의 경우에만 해당되는 일이 아니다. 수기집에 등장하는 120명 모두에게 해당되는 일이다. 또한 나아가서 이들 120명으로 대표되는 1960년대 그리고 70년대 산업현장에서 땀 흘리며 가족을 돌보고 미래를 개척한 200만(류석춘·김형아 2011 및 이 책 제3장 참조) 기능인력 노동자 모두에게 적용할 수 있는 평가다. 분야가 다르기는 하지만 18살이 되기까지 네 번의 가출을 하며 맨주먹으로 세계 굴지의 기업군을 일으켜 수많은 일자리를 창출한 정주영의 경우는 더 말할 필요도 없다.[3]

스스로 목숨을 끊는 선택이 안타깝기는 하지만, 우리가 보고 배워야 할, 그리하여 후대의 본보기가 되어야 할 선택은 절대 아니다. 스스로 목숨을 버리는 행동은 그 자체만으로도 인류를 저버리는 비

---

3 정주영(1991, 2011[1998])의 두 권의 자서전 참조.

도덕적 행동이다. 오히려 역경을 뚫고 살아남아 자신은 물론 가족과 공동체 그리고 나라를 위해 무언가를 성취한 이들이야말로 우리가 귀감으로 삼아야 할 본보기다. 이들의 삶이 더욱 당당하고 아름답다. 죽는다는 선택은 오히려 비겁하고 손쉬운 선택일 뿐이다.

5. 전태일의 죽음은 아름답지 않다

조영래의 『평전』은 젊은이들에게 우리나라 노동자들이 '착취' 당하고 있으며, 그들을 위해서는 노동운동을 적극적으로 전개해야 한다고 도덕적으로 호소하고 있다. 그러나 『평전』의 내용을 차근차근 따져보면 사실은 전혀 그럴 필요가 없음을 알 수 있다. 왜냐하면 전태일은 '착취'당하지 않았기 때문이다. 『평전』은 전태일의 임금이 3년 동안 10배, 그리고 6년 동안 15배로 상승하였음을 기록하고 있다. 전태일뿐만이 아니다. 평화시장 여공들도 착취당하지 않았음을 『평전』은 동시에 시사하고 있다. 여공들도 6년 만에 임금이 4.7배 올랐기 때문이다. 농촌의 남아도는 인력이 무작정 서울에 와 평화시장에서 6년 일하면 당시 우리 국민의 1인당 평균소득을 벌었다. 그런데 착취라고?

또한 『평전』은 전태일에게 접근했던 대학 출신 노동운동 활동가들의 존재를 전혀 언급하지 않고 있다. 오히려 "대학생 친구가 하나 있었으면 원이 없겠다"는 거짓 문구로 젊은이들의 감성을 선동할 뿐이다. 앨린스키의 운동노선을 따라 "외부세력이 접근한 현장의 하나가 전태일 분신사건"이라는 증언이나, "분신할 때 곁에 있었다", 그리고 "전태일은 지금 미국 샌디에이고에 있는 이승종 목사가 교육시켰다"는 증언은 『평전』 어디에도 등장하지 않는다. 그러므로 조영래의 『평전』은 있는 그대로의 전태일이 아니라, 선동을 위해 사실을 왜곡해 만든 '전태일에 관한 이야기'일 뿐이다.

마지막으로, 당시를 살았던 다른 사람들의 선택과 비교해 볼 때 전태일이 선택한 삶 혹은 죽음이 도덕적으로 바람직하고 나아가서 아름다운 것이었다고 말할 수 없다. 왜냐하면 너무도 많은 사람들이 전태일과 엇비슷한 조건에서 출발하여 온갖 어려움을 헤치고 오늘날 자수성가하여 국가와 사회에 기여하며 자신의 역할을 다하고 있기 때문이다.

전태일의 극단적인 선택은 불가피하지 않았으며, 아름답지도 않다. 다만 불행했을 뿐이다.

박정희와
1970년대 중화학공업 노동자
— 숙련노동자 기능공의 대규모 탄생

1. 박정희 대통령의 중화학공업화(1973~1979)
2. 1970년대 초반의 노동시장 구조와 과학기술인력 양성
3. 기능공 육성정책
　　학교교육 : 인문계고교 평준화와 공업고등학교 특성화
　　직업훈련 : 공공직업훈련, 사업내직업훈련, 인정직업훈련
4. 소결

사진 3.1 1975년 12월 23일 부산기계공고를 방문한 박정희 대통령이 학생들을 격려하고 있다.

이 장은 류석춘·김형아 (2011)에 발표한 내용을 수정, 보완한 것이다.

1. 박정희 대통령의 중화학공업화(1973~1979)

기능공(技能工)은 한국의 산업화 과정에서 박정희 시대의 후반부, 즉 1970년대 집중적으로 나타난 '남성 숙련노동자'를 일컫는 말이다. 이들은 1973년 박정희 대통령이 중화학공업화를 선언하면서 '산업전사(産業戰士)'라는 이름으로 적극 육성되었다.

이들은 1960년대 산업화를 주도했던 봉제산업과 같은 경공업 분야의 여성노동자들과는 전혀 다른 성격의 노동자들이다. 1960년대 여성노동자들은 특별한 기술교육 없이 농촌에서 공장으로 직행하여 일했다. 그러나 1970년대 중화학공업의 남성노동자들은 공업 고등학교 혹은 직업훈련원을 거치며 일정한 기술교육을 받은 후에야 공장에서 일할 수 있었다.

그러나 지금까지 노동문제를 다룬 대부분의 문헌은 1980년대 중반까지 '공돌이', '공순이'라고 불리던 한국의 남성 및 여성 공장노동자들이 인구사회적 배경은 물론이고 노동시장의 위치에서도 매우 동질적인 집단이었다고 분석한다. 예컨대 구해근은 2002년 신광영이 번역해 출판한 『한국 노동계급의 형성』이라는 책에서 "절대 다수의 노동자는 반(半) 숙련으로, 대량생산에 종사하고 있었다"고 설명함으로써 한국 노동계급의 특성을 '반숙련' 노동자(semi-skilled workers) 집단이라고 규정한다(Koo 2001: 205; 구해근 2002). 그는 "1980년대 중반까지 한국 노동계급의 뚜렷한 특성은 사회인구학적 특성과 시장에서의 지위라는 두 측면에서의 동질성"이었고 이들에게는 "연령이나 가족 배경, 기술 수준뿐만 아니라 회사로부터 제공받는 임금, 직장의 안정성, 복지 혜택에서도 거의 차이가 없었다"(Koo 2001: 205)고 자신의 연구결과를 요약한다.

이러한 결론은 당시까지의 연구 동향을 충실히 반영한 것이기는 하시만 다음 의문을 해소하지 못한다. 만약 1980년대 중반까지 형성된 노동자들의 대부분이 반숙련 상태여서 노동자들 숙련의 수준에 별 차이가 없었다면, 한국은 어떻게 1973년 이후 중화학공업화에 성공할 수 있었는가?

이 질문은 한국이 1971년부터 방위산업에 필요한 무기를 자체 생산하기 시작하였다는 사실을 고려하면 더욱 대답하기 어려워진다. 왜냐하면 방위산업은 반숙련공에 의지하는 산업이 아니기 때문이다. 방위산업은 특히 쇠를 1/100밀리미터 이하의 정밀도로 깎을 수 있는 '정밀가공사'라는 숙련을 가진 기능공이 반드시 필요한 산업이다(오원철 1999: 388-89). 만약 구해근의 주장대로 1980년대 중반까지 한국 노동자의 대부분이 반숙련이었다면 1970년대의 기능공들은 도대체 어떻게 기술을 습득했는가? 방위산업과 관련된 국내의 기계공업과 화학공업, 그리고 중동에 진출한 플랜트 수출 사업 등 1970년대에 발전한 산업은 분명 숙련이 없는 노동에 의해서는 결코 가능하지 않은 산업이었다. 그렇다면 한국이 중화학공업화를 추진하던 시기의 숙련노동자는 도대체 어디에서 왔는가?

이들의 숙련 획득 과정을 이해하기 위해서는 우선 1970년대 박정희 대통령이 정면으로 대결하던 안보문제의 심각성과 그 연장선

상에서 추진된 방위산업 육성이 중화학공업화 정책의 직접적인 배경이었음을 분명히 인식하여야 한다. 당시 우리나라는 1968년 1월 21일 청와대 습격사건으로 대표되는 북한의 끊임없는 도발에 대응해야 하는 동시에, 주한 미군의 감축을 천명한 1971년 미국의 '닉슨 독트린' 때문에 안보문제가 매우 심각한 상황이었다. 중화학공업화는 바로 이런 맥락에서 1972년 10월 17일 사실상 출범한 '유신체제'의 핵심적 목표, 즉 '자주국방'을 구체적으로 실행하기 위한 수단으로 유신을 선포한 지 채 3달이 지나지 않은 1973년 1월 12일 대통령이 연두기자회견 형식을 빌려 선언한 국가적 사업이다(오원철 1999: 557, 566; Kim 2004; 김형아 2005; 김광모 2015: 95, 146-51).

2. 1970년대 초반의 노동시장 구조와 과학기술인력 양성

1973년 선언한 중화학공업화를 추진하는 데 따르는 어려움은 한두 가지가 아니었다. 예컨대 중화학공업화에 필요한 재원을 조달하는 문제는 결코 간단한 문제가 아니었다. 이를 위해 정부는 야당의 엄청난 반대에도 불구하고 한·일 국교정상화를 강행해 확보한 대일청구권 자금 그리고 해외 차관을 적극 도입하여 조선, 전자, 기계, 제철, 자동차, 석유화학 등의 산업을 일으킬 대규모 공장의 건설을 추진하였다.

그러나 문제는 그것으로 끝이 아니었다. 당시 노동시장에 넘치던 인력이 과연 그러한 첨단산업에 필요한 숙련을 가지고 있는가? 그리고 나아가서 만약 숙련이 없다면 과연 그러한 숙련을 익힐 가능성은 있는가? 이 문제에 대한 판단이 필요하였다. 노동력의 질을 향상시키는 인력공급의 문제를 해결하지 못하면 중화학공업의 꽃이라 불리는 기계산업은 발전할 수 없었고, 그렇다면 자주국방은 공염불로 끝날 수밖에 없었기 때문이다(오원철 1999: 266-76).

그림 3.1은 당시 신규로 노동시장에 진입하는 인력의 수준을 파악하기 위해, 오원철(1999: 205-09)이 제안한 방식으로 1973년의 경우를 예로 하여 인력의 흐름을 학력 수준별로 정리한 결과이다.

1973년 2월에 학교를 마치고 신규로 노동시장에 진입하는 인구의 학력은 크게 보아 3가지 종류로 구성된다.

첫째는 1960년에 태어난 약 97만 명 가운데 1973년 2월 초등학교를 졸업하고 중학교에 진학하지 않은 약 28만 명의 인력이다(중학교 진학은 약 67만 명). 물론 1960년생 가운데 아예 초등학교에 진학하지 않거나 초등학교를 중퇴한 약 2만 5천의 인력은 이미 노동시장에 편입되어 있었다.

둘째는 1957년에 태어난 약 89만 명 가운데 1973년 2월에 중학교를 졸업하고 고등학교에 진학하지 않은 약 14만 명의 인력이다(고등학교 진학은 33만 명). 1957년에 태어난 사람들 가운데 중학교를 중퇴한 약 4만 명, 초등학교만 졸업한 약 3만 명, 초등학교도 취

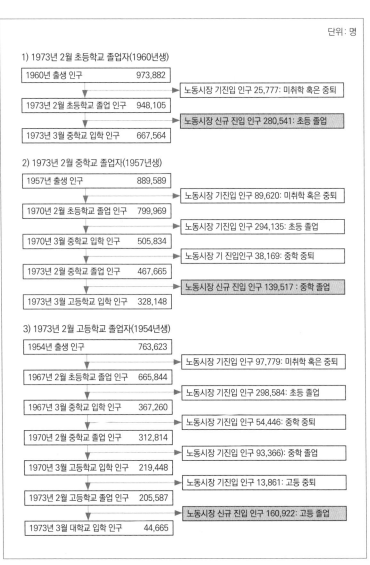

단위 : 명

1) 1973년 2월 초등학교 졸업자(1960년생)

| 1960년 출생 인구 | 973,882 |

→ 노동시장 기진입 인구 25,777: 미취학 혹은 중퇴

| 1973년 2월 초등학교 졸업 인구 | 948,105 |

→ 노동시장 신규 진입 인구 280,541: 초등 졸업

| 1973년 3월 중학교 입학 인구 | 667,564 |

2) 1973년 2월 중학교 졸업자(1957년생)

| 1957년 출생 인구 | 889,589 |

→ 노동시장 기진입 인구 89,620: 미취학 혹은 중퇴

| 1970년 2월 초등학교 졸업 인구 | 799,969 |

→ 노동시장 기진입 인구 294,135: 초등 졸업

| 1970년 3월 중학교 입학 인구 | 505,834 |

→ 노동시장 기 진입인구 38,169: 중학 중퇴

| 1973년 2월 중학교 졸업 인구 | 467,665 |

→ 노동시장 신규 진입 인구 139,517 : 중학 졸업

| 1973년 3월 고등학교 입학 인구 | 328,148 |

3) 1973년 2월 고등학교 졸업자(1954년생)

| 1954년 출생 인구 | 763,623 |

→ 노동시장 기진입 인구 97,779: 미취학 혹은 중퇴

| 1967년 2월 초등학교 졸업 인구 | 665,844 |

→ 노동시장 기진입 인구 298,584: 초등 졸업

| 1967년 3월 중학교 입학 인구 | 367,260 |

→ 노동시장 기진입 인구 54,446: 중학 중퇴

| 1970년 2월 중학교 졸업 인구 | 312,814 |

→ 노동시장 기진입 인구 93,366): 중학 졸업

| 1970년 3월 고등학교 입학 인구 | 219,448 |

→ 노동시장 기진입 인구 13,861: 고등 중퇴

| 1973년 2월 고등학교 졸업 인구 | 205,587 |

→ 노동시장 신규 진입 인구 160,922: 고등 졸업

| 1973년 3월 대학교 입학 인구 | 44,665 |

그림 3.1 최종학력별 노동시장 진입 흐름(1973년 2월 현재)

1960, 1957, 1954년 출생 인구는 오원철(1999: 203); 기타는 문교부, 『문교통계연보』
(1967, 1970, 1973) 각 해당 페이지

학하지 않았거나 취학하여 중퇴한 약 9만 명, 도합 16만 명의 인력은 이미 노동시장에 진입해 있었다.

셋째는 1954년에 태어난 약 76만 명 가운데 1973년 2월에 고등학교를 졸업하고 대학교에 진학하지 않은 약 16만 명의 인력이다 (대학교 진학은 약 4만 5천 명). 1954년에 태어난 사람들 가운데 고등학교를 중퇴한 1만 4천 명, 중학교만 졸업한 약 9만 명, 중학을 중퇴한 5만 4천 명, 초등학교만 졸업한 약 30만 명, 초등학교 미취학이거나 중퇴한 약 10만 명, 모두 합해서 약 56만 명의 인력 또한 이미 노동시장에 진입하여 있었다.

따라서 1973년 2월 각급 학교를 마치고 신규로 노동시장에 진입한 인구는 다음과 같이 구성된다. 1960년생 가운데 약 28만 명, 1957년생 가운데 약 14만 명, 1954년생 가운데 약 16만 명이 각각 노동시장에 진출하여, 노동시장에 신규로 진입하는 규모는 총 58만 명가량이 된다. 이들 신규진입자의 학력 수준을 살펴보면 고졸이 28퍼센트, 중졸이 24퍼센트, 초등학교 졸업이 48퍼센트이다. 신규진입자의 거의 절반이 국졸 정도의 학력이었다.

여기에 더해 각급 학교를 마치지 못하고 1973년 이전에 이미 노동시장에 진입한 1954년생, 1957년생, 1960년생의 학력 수준까지도 고려한다면 노동시장의 학력 상황은 더욱 악화된다. 그리고 이러한 상황은 1973년 한 해에만 국한된 현상이 물론 아니었다. 베이비붐 세대인 1954년부터 1960년 사이에 태어난 인구가 노동시장에 진입하는 1960년대 말부터 1970년대 중반까지 관통하는 지속적인 현상이었다. 즉, 당시 노동시장 구성원들의 절대다수는 낮은 학력의 소유자들이었다. 2017년 요즘의 상황을 기준으로는 상상하기 어려운 일이지만, 1973년 당시 기준으로는 부정할 수 없는 현실이었다.

중화학공업화의 성공을 위해서는 이와 같은 노동시장의 상황을 완전히 뒤바꾸는 혁명적인 정책이 필요했다. 이를 위해 박정희 대통령은 중화학공업화의 추진과 동시에 모든 국민이 과학과 기술을 익혀 인적 자원을 극대화하는 '범국민 과학화운동'을 전개하며 1973년 연두기자회견에서 다음과 같이 선언한다.

"과학기술 개발 없이는 중화학공업 육성은 기대할 수 없다. 모든 경제목표 달성은 전 국민이 범국민적 과학기술 개발에 참여할 때 가능하다고 본다. 국민학교(초등학교) 어린이에서부터 대학생 성인 남녀노소 할 것 없이 과학을 습득하고 생활화해야 한다"(한국과학기술단체총연합회 1973).

이와 같은 과학기술에 대한 박 대통령의 의지가 숙련을 가진 노동자의 양성과 어떤 관계를 가지고 있는지를 이해하려면 우선 당시 정부가 '과학기술계 인력'을 구체적으로 어떻게 정의하고 있는지를 파악해야 한다.

당시 과학기술계 인력은 '과학기술자', '기술공', '기능공'이라는 3단계의 범주로 구성되어 있었다. 이와 같은 구분은 5·16 혁명정권이 『기술계 인적자원조사사업 보고서』를 채택하면서 처음으로 도입되었다(전상근 2010: 162). 이러한 구분에 기초해 1978년 서울대학교 인구및발전문제연구소에서 출판한 책 『한국사회 인구와 발전 (2): 인력·자원』에 포함된 김진균 교수의 논문 "인력개발"은 각각의 범주를 다음과 같이 정의하고 있다.[1]

'과학기술자'는 창조석 업무활동을 수행하는 자로서 학자 또는 전문가적 성격을 가지며 일반적으로 4년제 이공계 대학을 졸업하고 석사 및 박사 학위를 지향하며, 연구개발, 기본계획 및 관리 등의 기능을 수행한다. '기술공' 즉 현장기술자는 일반적으로 생산 현장에 투입되어 생산기술적인 업무를 수행하는 자로서 고등학교 졸업 후 3년 혹은 중학교 졸업 후 5년 정도의 전문적 기술교육을 받으며 시공 및 생산설계, 기술 및 공정지도관리 등의 기능을 주로 수행하는 자이다. '기능공'은 장기적인 체험과 훈련을 통하여 습득된 기능을 활용하여 제작, 제조 및 운전 등의 생산활동을 수행하는 자로서 실기교육과 현장실습이 가장 요구되는 기술 인력이다. (김진균 1978: 406).

또한 박정희 정부는 '과학기술계 인력'의 관리를 위해 1973년 12월 31일 「국가기술자격법」을 제정하고 이어서 1974년 10월 16일 동법의 시행령을 통해 표 3.1에 정리된 바와 같은 '국가기술자격제도'를 도입했다. 이 법에 따라 기술공은 3단계(기사 2급, 기사 1급, 기술사)로, 기능공은 4단계(기능사보, 기능사 2급, 기능사 1급, 기능

---

1 오늘날 교육부에 해당하는 당시 문교부의 정의도 이와 큰 차이가 없다(문교부 1980: 20).

표 3.1 국가기술자격제도의 도입과 종목 수 변동 현황(1974~1980)

구 분		종목수					
		시행령 '74. 10. 16	시행령 개정 '75. 12. 29	시행령 개정 '76. 12. 31	시행령 개정 '77. 12. 31	시행령 개정 '79. 12. 31	시행령 개정 '80. 12. 31
계		727	729	751	757	759	741
기술계	소 계	193	193	197	200	204	203
	기술사	86	86	86	86	91	91
	기사 1급	58	58	60	62	62	60
	기사 2급	49	49	51	52	51	52
기능계	소 계	534	536	554	557	555	538
	기능장	88	88	91	90	89	89
	기능사 1급	156	156	160	162	162	157
	기능사 2급	163	164	168	170	169	164
	기능사보	127	128	135	135	135	128

허욱(1987: 47)

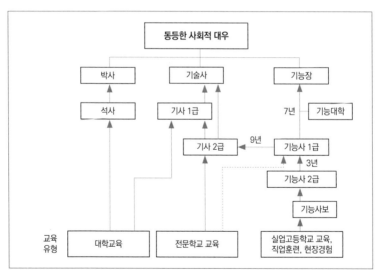

그림 3.2 국가기술자격제도와, 상급 단계 자격으로 진입하기 위해 필요한 최소 기한(1970년대) 강구진(1980: 334); 전상근(2010: 196)

장)로 각각 자격이 구분되었다. 자격을 부여하는 종목 또한 세분하여 기술공에 대해서는 총 193가지, 그리고 기능공에 대해서는 총 534가지로 구분된 분야를 설정하여 각각의 분야 및 단계에서 국가가 공인하는 자격을 검정하는 시스템을 구축하여 시행에 들어갔다. 그림 3.2는 이러한 국가기술자격제도를 시각적으로 정리하고 있다.

이와 나란히 박정희 정부는 1972년부터 1981년까지 10년 동안, 즉 제3차 및 4차 경제개발 5개년계획 기간의 과학기술인력 수요와 공급을 표 3.2와 같이 세밀하게 예측했다. 표를 보면 과학기술자는 1972년 현재의 공급 기준으로 10년 후인 1981년이 되면 약 5만 명의 인력이 초과공급되는 것으로 나타난다. 반면에 기술공은 1972년 현재의 공급 기준으로 10년 후인 1981년이 되면 약 16만 명이 모자라는 것으로 나타나고, 같은 시기 기능공은 약 134만 명이 모자라는 것으로 나타난다. 즉, 과학기술계 인력 가운데 상대적인 고학력자의 수급에는 큰 문제가 없었지만, 상대적으로 학력이 낮은 인력, 그중에서도 특히 기능공의 수급은 매우 심각한 상황이라고

표 3.2 과학기술인력 수급 예측(1972~1981)

단위: 명

구 분	수요 예측		필요 공급 인원	현 공급 능력	과부족
	1972	1981			
과학기술자	27,400	162,700	115,300	170,000	+54,700
기술공	71,800	258,200	223,000	66,100	−156,900
기능공	451,500	1,991,800	1,789,900	448,700	−1,341,200

김진균(1978: 413, 422, 433) 재구성

예측되고 있었다.

따라서 당시 과학기술인력 정책의 핵심은 예상되는 수요를 전혀 감당할 수 없는 '기능공' 및 '기술공' 인력을 어떻게 확보 및 공급할 것인가 하는 문제에 초점이 맞춰지지 않을 수 없었다. 여기에서는 이 두 집단 가운데 상대적으로 규모가 훨씬 크고 또한 여러 가지 조건이 노동시장에서 상대적으로 아래의 위치에 있는 기능공의 양성 과정을 집중적으로 검토한다.

1972년을 기준으로 정부는 기능공이 이미 약 45만 명 존재하고 있음을 파악하고 있었다. 그리고 이로부터 10년 후인 1981년이 되면 필요한 기능공의 규모가 약 199만 명에 달할 것으로 내다봤다. 10년이라는 시간의 경과에 따라 연령이 상승하면서 퇴직이나 전직, 나아가서 은퇴나 사망 등의 축소 요인을 고려해 정부는 1981년 약 200만 명의 기능공을 확보하기 위해서 10년 동안 필요한 공급을 약 179만으로 잡았다. 이 중 정부가 적극적인 개입을 하지 않고도 주어진 시장기능에 따라 공급될 수 있는 인력은 약 45만 명이다. 따라서 정부는 추가로 약 134만 명의 기능공 양성이 필요하다고 판단했다.

이러한 전망에 따라 박정희 정부는 과연 134만 명의 기능공, 즉 숙련노동자를 어떻게 추가로 양성해 공급했는가? 아래에서는 이 문제를 본격적으로 따져 보기로 한다. 만약 공급에 성공했다면 이들이야말로 대한민국 역사상 최초로 국가가 체계적으로 기술을 교육해 노동시장으로 배출한 대규모 숙련노동자 집단이다. 당시 정부는 이들을 '산업전사' 혹은 '조국근대화의 기수'라 부르며 엄청난 역사적 사명감을 불어넣었고, 이들의 교육을 위한 재정적 투자 또한 아끼지 않았다(문교부 1977, 1980).

3. 기능공 육성정책

1970년대 중화학공업화의 추진과 함께 숙련을 가진 노동자의 추가 양성은 크게 두 가지 방식을 통해 이루어졌다. 하나는 교육부를 통해 실업고등학교, 그중에서도 특히 '공업고등학교' 교육을 강화하는 것이었고, 다른 하나는 상공부를 통해 공공훈련을 포함한 '직업훈련원' 제도를 강화하는 것이었다.

이제부터는 당시 시행된 이 두 가지의 숙련노동자 양성 과정을 분리해서 자세히 살펴본다.

학교교육 : 인문계 고등학교 평준화와 공업고등학교 특성화

1970년대의 학교교육 체계는 **그림 3.3**에 정리되어 있다.

통상적으로 우리가 알고 있는 현재의 6-3-3-4 교육체계(초등학교 6년, 중학교 3년, 고등학교 3년, 대학 4년)가 당시에도 교육의 기본 골격이었다. 그러나 이에 더해 다양한 형태의 기술학교나 전문학교 과정이 단계마다 추가되어 있다. 우선 중학교 과정과 동일한 수

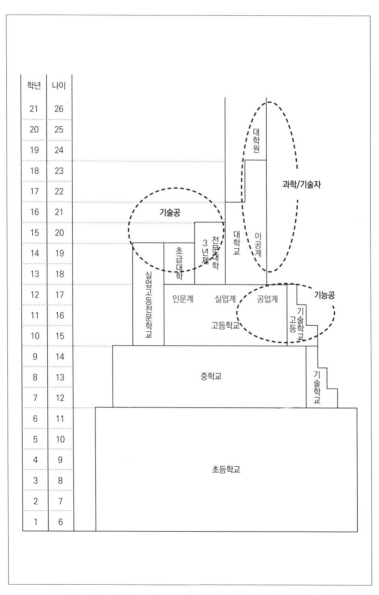

그림 3.3 1970년대의 학제와 과학기술인력 양성 문교부(1975: 842)

준에 '기술학교'가 있었고, 이에 더해 고등학교 과정과 동일한 수준에는 '고등기술학교'가 있었으며, 고등학교와 초급대학 과정을 하나로 통합한 5년제의 '실업고등전문학교'도 있었다. 또한 고등학교를 졸업하면 2년제의 '초급대학' 및 3년제의 '전문대학'에 진학할 수 있었다. 이와 같은 교육과정은 당시의 과학기술인력, 즉 '과학기술자', '기술공' 그리고 '기능공'을 각각 공급하는 체계와 밀접한 연관이 있다.

우선, 가장 상위의 과학기술자 집단은 4년제 대학교 혹은 대학원의 이공계(자연계) 전공을 졸업한 인력으로 구성된다. 다음, 기술공은 중학교를 졸업하고 5년제 실업고등전문학교, 혹은 고등학교를 졸업하고 2년제의 초급대학 혹은 3년제의 전문대학을 마친 인력으로 구성된다. 마지막으로 기능공은 중학교를 졸업하고 실업계 고등학교, 그중에서도 특히 공업고등학교를 마친 인력과, 중학교를 졸업하고 고등기술학교에 진학한 인력으로 구성된다. 이러한 상황을 그림 3.3에서 점선 동그라미 3개로 쉽게 나타냈다.

이와 같은 구분을 기초로 이제부터는 기능공의 공급과 관련된 문제들을 검토해 보기로 한다.

1960년대 후반부터 70년대 중반까지 교육 문제에서 가장 큰 쟁점은 인문계 중심의 엘리트 충원 구조였다. 당시 자연과학, 즉 이공계 대학 출신은 변변한 직장이 없어 기피의 대상이 되고 있었던 반면, 인문계 대학 출신은 국가기관이나 은행과 같이 안정된 분야에서 좋은 직장을 구할 수 있었다. 물론 당시에도 좋은 직장을 얻기 위해서는 좋은 대학에 가야 했다. 여기에 더해 좋은 대학에 가기 위해서는 좋은 고등학교에, 좋은 고등학교에 가기 위해서는 좋은 중학교에, 그리고 좋은 중학교에 가기 위해서는 좋은 초등학교에 가야만 하는 입시구조가 뿌리를 내리고 있었다. 다시 말해 입시지 옥이 초등학교에서 중학교를 진학하는 순간부터 시작되고 있었다.

이러한 상황은 당시 상층은 물론이고 중산층까지도 어린 자녀들에게 입시를 위한 과외공부를 시키지 않을 수 없도록 만들었다. 정규수업을 마치면 초등학교 학생들마저 부모들이 주선한 전문적인 가정교사 혹은 공·사립학교의 교사들로부터 별도의 과외공부, 즉 사교육을 밤늦게까지 받는 일이 비일비재했다. 이러한 인문계 위주의 엘리트 교육구조는 당시 심각한 사회문제, 예컨대 1965년의 '무즙파동' 및 1967년의 '창칼파동' 등을 일으키며 정부로 하여금 특단의 조치를 취하지 않을 수 없도록 만들었다(Park, Sang-Young 2010).

박정희 정부의 1968년 '중학교 평준화정책' 그리고 1974년의 '고등학교 평준화정책'은 바로 이런 맥락에서 시행된 혁명적인 교육정책이었다. 두 단계의 평준화정책으로 상급학교 진학에 절대적으로 유리한 위치를 차지하고 있던 종래의 명문 중학교와 고등학교는 완전히 자취를 감추고 대신 상급학교 진학은 학생이 거주하고 있는 학군 내에서 추첨하는 방식으로 결정되었다. 이러한 변화는 당시의 교육구조에서 기득권을 누리고 있던 도시의 상·중 계층 집단에 엄청난 타격을 주었다. 이들은 이제 더 이상 인문계 위주의 엘리트 교육에서 유리한 위치를 차지할 수 없게 되었고, 따라서 교육을 통한 지위 혹은 계층·계급의 대물림이 불가능하게 되었다.

그렇다면 박정희 정부는 인문계 위주의 엘리트 교육을 허무는 대신, 그 역할을 대체할 새로운 엘리트 교육체계를 만들지는 않았는가? 평준화정책을 평가하는 대부분의 사람들이 이해하기 어려워하는 수수께끼가 바로 이 대목에서 등장한다. 다시 말해, 왜 박정희 대통령은 경제에서는 대기업이 선도하는 엘리트 중심의 성장모델을 추구하면서, 동시에 교육에서는 엘리트 집단에 타격을 가하는 평준화정책을 시행하였는가?

이 문제를 인문계 엘리트 중고등학교의 해체라는 단일 차원에서만 바라보면 충분한 이해가 어렵다. 그러나 인문계 엘리트 학교의 해체를 그와 동시에 추진된 중화학공업화 및 그에 필요한 과학기술인력의 양성이라는 문제까지로 확대해서 입체적으로 바라보면 이른바 '권위주의' 박정희 정권의 '평등지향성'(Park, Sang-Young 2010) 혹은 '농촌 중간계급 지향성'(Davis 2004)과 만나게 된다. 왜냐하면 박정희 정부는 도시 상·중층 출신 자녀를 주된 수요로 하는 엘리트 교육체계를 무너뜨림과 동시에, 농촌 중·하층 출신 자녀의 수요를 적극 수용하여 엘리트 기능공을 양성하는 교육제도, 즉 '우수' 실업(공업)고등학교 육성체계를 새로이 도입했기 때문이다.

학교교육을 통한 과학기술인력 양성, 특히 기능공의 양성은 실업교육, 특히 공업교육을 대폭 강화하면서 교과과정을 실험실습위주로 개편하는 방향으로 이루어졌다. 그렇다고 전국의 모든 공업고등학교를 대상으로 동일한 지원을 한 것은 아니었다. 학교별로 중화학공업화에 필요한 인력을 지역과 부문별 산업의 특성에 맞게 육성하는 방향으로 개편이 이루어졌다(문교부 1980: 16). 후에 '공업고등학교 특성화' 정책(김윤태 2002)이라고 알려진 개편의 윤곽에 따른 유형별 공업고등학교의 구성과 졸업생 숫자는 표 3.3에 제시되어 있다.

우선, '기계공고'는 기계산업에서 필요한 기술과 숙련을 익혀 고도의 정밀가공 능력을 갖춘, 즉 1/100밀리미터 이하의 단위로 기계를 가공할 수 있는 '정밀가공사'를 양성하는 학교로서, 정밀기계, 배관, 금속, 전기, 용접, 공업계측 등의 전공이 설치되어 있었다(문교부 1980: 32). 대부분의 학생들에게 학비를 면제해 주었으며 희망자에게는 저렴한 기숙사 시설 및 낮은 금리의 생활비 융자도 제공했다(문교부 1980: 34). 1973년 금오공고, 성동공고, 국립부산공고(부산한독직업학교), 전남공고를 정밀가공기능사 양성학교로 지정한 후, 1974년에 기계공고로 명칭을 바꾸었다. 표 3.3에서 보듯이 기계공고는 1979년까지 19개 공고로 확대되면서 전국적으로 골고루 분포하게 되었다. 1979년 이들 학교의 입학정원은 총 1만여 명이었다. 따라서 1979년을 전후로 기계공고 졸업생이 매년 약 1만 명 정도 배출되고 있었다.

당시 일반 공고의 학비면제장학생 비율이 15퍼센트 수준에 머물렀던 것에 비해, 기계공고는 50퍼센트 이상의 학생들이 학비면제 혜택을 받았다. 또한 재학 중에 '정밀가공사' 2급 자격을 취득하면 연간 10만 원의 장학금을 지원하여, 대부분의 학생들이 졸업 전에 자격을 취득하도록 유도하였다(문교부 1977: 44-45). 집안이 어려운 학생들에게는 저리의 기숙사비 혹은 생활비 융자를 제공해, 가난하더라도 재능만 인정받으면 얼마든지 학교를 마칠 수 있는 여건을 제공하였다.

이러한 정책적 지원에 힘입어 기계공고 입학생들은 거의 전원이 정밀가공사 자격을 취득하고 졸업하였으며, 재학 중에는 전국기능경기대회를 석권하여 기존 산업체의 기능공들을 압도하였고, 기능

표 3.3 공업고등학교 유형별 졸업생 추계(1979)

기계공고(19개교) (1973~1979)		시범공고(11개교) (1976)	특성화공고(12개교) (1978~1979)	일반공고
성동기계공고	부산기계공고*	용산공고	구미전자공고	
전남기계공고	충남기계공고	경남공고	부산전자공고	
전북기계공고	인천기계공고	안양공고	금오공고	
태백기계공고	청주기계공고	영월공고	전주건설공고	
창원기계공고	서울기계공고	옥천공고	김해건설공고	
청량기계공고	부산기계공고**	천안공고	포항제철공고	55개교
평택기계공고	연무대기계공고	이리공고	대중금속공고(대구)	
군산기계공고	목포기계공고	순천공고	금파화학공고(전남)	
진주기계공고	춘천기계공고	대구공고	철도고(용산)	
경부기계공고		울산공고	수도전기공고	
		한림공고	한국광산공고(제천)	
			정석항공공고(인천)	
연간 졸업생 1만 명		연간 졸업생 9천 명	연간 졸업생 6천 명	연간 졸업생 2만 5천 명
1979년 전체 공고 졸업생 5만 명, 2급기능사 합격자 4만 3천 명(합격률 85%)				

문교부(1980: 34, 58, 68); 조황희 외(2002: 152-53).
*국립 부산기계공고(부산한독직업학교) **공립 부산기계공고

사진 3.2 1977년 국제기능올림픽 수상자들에게 메달을 걸어 주는 박정희 대통령

올림픽에 출전하여 메달을 획득하는 쾌거를 올려 국민적 영웅으로 대접받기도 했다.[2] 또한 이들은 졸업과 동시에 당시 성장하고 있던 중공업 부문의 대기업에 경쟁적으로 선발되어 100퍼센트 취업이 보장되는 상황이었다(문교부 1977: 16).

---

2 2011년 10월 현재 우리나라는 국제기능올림픽을 3연패하며 통산 17번째 종합우승을 차지했다. "국제기능올림픽대회 한국위원회는 9일(현지 시각) 영국 런던 엑셀센터에서 막을 내린 제41회 국제기능올림픽대회에서 우리나라는 금메달 13개, 은메달 5개, 동메달 6개를 획득해 일본(금 11개), 스위스(금 6개)를 제치고 전체 50개국 중 1위를 차지했다고 밝혔다. 이로써 우리나라는 1967년부터 출전한 26차례 국제기능올림픽 중 총 17번째 정상에 올랐고, 2007년 일본, 2009년 캐나다 대회에 이어 3연패를 달성했다. 국제기능올림픽은 2년에 한 번씩 열리는 세계적 기술경진대회로, 총 40개 종목에서 22세(일부 종목은 25세) 이하 젊은 기능인이 참여한다. 세계 50개국 949명이 겨룬 이번 대회에서 한국은 컴퓨터 정보통신 등 39개 직종에 선수 43명이 출전했다. 대회 입상자에게는 금메달 6,720만 원, 은메달 3,360만 원, 동메달 2,240만 원의 상금과 훈장이 수여되고, 국가기술자격시험 면제와 병역 혜택 등이 주어진다"(정철환 2011).

한편, '시범공고'는 해외 진출 특히 중동 진출에 소요되는 기능공 중 기계조립, 판금, 용접, 배관, 제관, 전기공사 등을 전공으로 하는 인력의 배출을 목적으로 1976년 3월, 표 3.3에서 보듯이 시·도별로 1개 학교씩을 지정하여 총 11개 학교를 육성하였다(문교부 1977: 97). 시범공고는 당시 중동의 건설 수출을 주도하던 대림산업과 현대건설 등과 같은 기업과의 산학협동을 통해 양성 기능사 1인당 20만 원씩의 운영비와 실습재료비를 회사 측에서 학교에 공급하는 방식, 즉 '위탁 기능인력 양성방식'으로 운영되었다(문교부 1977: 102).

1977년 한 해에만 대림산업은 용산공고 등 8개 공고에 합계 2억 1천만 원, 그리고 현대건설은 울산공고 등 3개 공고에 합계 9천만 원을 각각 지원하였다(문교부 1977: 103). 이러한 지원에 힘입어 시범공고 학생들 역시 졸업 전에 '국가기술자격제도'에서 규정하는 '기능사 2급' 자격증을 거의 대부분 취득할 수 있었다. 이들 학교의 전체 입학 정원은 대략 9천 명 수준이었으므로(김윤태 2002: 107), 같은 숫자의 2급 기능사들이 졸업생으로 배출되었을 것으로 추정된다.

시범공고 학생들 중 특히 '해외진출 기능사 중점양성과정'에 선발된 학생들은 여러 가지 특전을 받았다. 우선 2급 기능사 자격을 획득하면 현장실습을 하는 동안 회사로부터 월 2만 원의 수당을 받았으며, 졸업과 함께 해외 취업이 100퍼센트 보장되었다. 취업 후 현지에 가면 본인의 숙식비 등 현지 생활비를 회사 측이 전액 부담하였고, 여기에 더해 월 15만 원 이상(매년 5만 원씩 인상)의 송금도 보장받았다(문교부 1977: 106-07). 이는 물론 월급에 더한 수입이었다. 또한 당시 시행되고 있던 병역법이 병역미필자의 해외 취업을 금지하고 있었음에도 불구하고 이들은 특별규정에 의해 예외적인 대우를 받아 해외 진출 회사에서 5년간 근무하면 병역을 마치는 특혜를 받을 수 있었다. 따라서 기계공고와 마찬가지로 시범공고 학생들도 능력만 있으면 돈이 없어도 얼마든지 공부할 수 있는 여건이었다.

마지막으로 '특성화공고'는 표 3.3에서 보듯이 전자, 건설, 금속, 제철, 화학, 전기, 철도, 광산, 항공 등과 같은 특정 분야의 기능인력을 양성하기 위하여 1977년부터 1979년까지 총 12개 공고를 지정하여 육성하였다. 특성화공고의 운영은 기계공고의 운영에 준하여 시행되었기 때문에 학비 면제, 장학금, 기숙사, 생활비 대출 등과 같은 학생복지 차원에서 기계공고와 거의 동일한 혜택이 주어졌다(김윤태 2002: 108). 학생들 대부분이 졸업할 때까지 2급 기능사 자격을 취득하였으며, 졸업 후에는 모두 관련된 산업에 100퍼센트 취직할 수 있었다. 따라서 이들 학교도 농촌의 어려운 학생들에게 선망의 대상이 되지 않을 수 없었다. 이들 학교는 합해서 대략 6천 명 정도의 졸업생을 배출하였다(김윤태 2002: 108).

'특성화공고' 가운데서도 금오공고는 특별한 위치에 있었다. 금오공고는 박정희 대통령의 특별한 관심 아래 대일청구권 자금을 기반으로 1973년 개교한 학교다. 처음에는 기계공고로 출발하였으나 1977년부터 '중견기술요원 양성 공업고등학교'로 특성화되었다(문교부 1980: 75). 금오공고는 재학생 전원이 기숙사 생활을 하였고, 등록금은 물론 학비도 전액 지원을 하였으며, 실험실습을 위한 설비도 최첨단 장비가 보급되었다. 이 학교는 '공업입국'의 선봉이 되는 표본적인 학교로서 자리매김되어 1970년대 전국에서 가장 우수한 학생들이 몰려들었다(김성민 2009, 금오공고 박석진 교사 인터뷰). 말할 것도 없이 이 학교 학생들은 2급 기능사 자격을 100퍼센트 통과했을뿐더러, 국제기능올림픽에도 출전하여 메달을 수상하는 경우가 많았다. 또한 금오공고 졸업생들 가운데 성적과 기능이 우수한 학생들은 1980년 3월 개교한 금오공과대학으로 계속적인 장학 혜택을 받으면서 진학할 수 있었다(문교부 1980: 75).

이와 같은 3가지 유형의 특성화공업고등학교 말고도 1979년 현재 전국에는 '일반 공업고등학교'가 55개 존재했다. 일반 공고는 산업에서 필요로 하는 다양한 기능공을 양성 및 공급하는 학교였지만, 당시 정부의 재정 형편 상 투자 순위가 낮아 앞에서 살펴본 기계·시범·특성화 공고와 비교하면 상대적으로 지원이 빈약하였다. 사립 공고가 대부분인 일반 공고를 당시 '우수공고' 수준으로 끌어올리기 위해 정부는 능력 있는 기업인이 학교를 지원, 신설, 인수하는 등의 방법으로 학교 운영에 적극 참여하도록 권장하였다. 그렇지 않은 경우 공고 신설을 불허하여 부실 공고가 새로 발생하는 것을 방지하였다(김윤태 2002: 109). 현대그룹 정주영 회장이 1978년 설립한 울산의 '현대공업고등학교'가 바로 이런 맥락에서 설립된 일반 공고의 대표적 예다. 이들 55개 일반 공고의 졸업생은 1979년 합해서 대략 2만 5천 명 정도라고 추정된다.

일반 공고 재학생 가운데 얼마나 많은 숫자가 졸업할 때까지 '2급 기능사' 자격을 획득했는지는 정확히 알 수 없다. 그러나 교육부는 1979년 공고 출신을 포함한 기능사 2급 수험 대상 인원의 목표 합격률을 85퍼센트로 설정하고 있었다(문교부 1977: 171). 그리고 인력수급에 관한 당시 교육부의 목표는 모두 초과달성되고 있었다. 그러므로 공고 출신 응시자의 실제 합격률을 85퍼센트라고 가정하는 것은 전혀 무리가 없다. 그렇다면 1979년 공고 졸업생 5만 명의 85퍼센트, 즉 약 4만 3천 명 정도가 합격했을 것이라고 추산할 수 있다. 한편 앞에서 살펴본 기계·시범·특성화 공고 출신의 합격률은 거의 100퍼센트였으므로, 공고 출신 총합격자 4만 3천에서 '우수 공고' 출신 합격자 총수인 2만 5천을 빼면 대략 1만 8천 명 정도의 '일반 공고' 합격자가 나왔을 것으로 추론된다. 다시 말해 '일반 공고' 졸업생 2만 5천 가운데 약 1만 8천 명가량이 2급 기능사 자격을 취득한 것으로 추론할 수 있다. 그렇다면 '일반 공고'의 2급 기능사 합격률은 대략 72퍼센트 정도가 된다.

전체적으로 보아 '공업고등학교 특성화' 정책은 기계·시범·특성화 공고라는 '우수공고'와 그렇지 못한 '일반 공고'라는 투트랙으로 운영되었다. 우수공고에는 재정적 지원을 아끼지 않아 실험을 위한 기자재부터 실습에 필요한 재료까지, 또한 장학금에서부터 생활비 혹은 기숙사비의 저리 지원까지 다양한 혜택이 주어졌다.

또한 이들 우수학교는 전국적으로 골고루 분산되어 분포하고 있었으며, 입학하는 학생의 숫자가 1979년에는 전체적으로 약 2만 5천 명에 달했다. 교육과정 또한 내실이 있었던 만큼 당시 추진되고 있던 중화학 및 첨단산업 분야 대기업에서의 수요가 많아 졸업생들은 100퍼센트 취업을 보장받을 수 있었다. 그렇기 때문에 '우수공고'는 당시 상대적으로 어려운 생활을 하던 농어촌 중·하층 출신의 우수한 인재들에게 매우 인기가 있을 수밖에 없었다. 따라서 대부분 치열한 경쟁을 통과해야 입학할 수 있었다.

반면에 또 다른 약 2만 5천 명의 '일반 공고' 학생들은 '우수공고'와 같이 어려운 경쟁을 거쳐야 하는 것은 아니었지만, 이들 역시 졸업 후의 진로가 그렇게 어두운 편이 아니었다. 왜냐하면 이들 가운데 졸업과 함께 '2급 기능사' 자격을 획득한 72퍼센트의 경우에는 당시 급성장하고 있던 중화학공업의 인력 수요가 기다리고 있었기 때문이다. 또한 2급 기능사 자격을 따지 못해도 학교를 졸업하면서 이들 역시 '기능사보' 자격으로 여전히 중화학공업 분야에 진출할 수 있었다.

'인문계 고교 평준화'와 함께 시작된 '공업고등학교 특성화'는 이와 같이 당시 사회의 중·하 계층, 특히 농어촌의 중·하 계층에게 새롭고 전도가 유망한 직장에 진입할 수 있는 기회를 제공하는 매우 역동적인 교육정책이었다. 1970년대 중반 도시의 상·중층이 가질 수 있었던 계층 재생산의 기제는 대학 진학이라는 바늘구멍을 통과해야만 가능한 것이었던 반면에, 농어촌의 중·하층은 기능공 양성이라는 새로운 교육의 기회를 이용해 계층의 사다리를 올라갈 수 있는 길이 활짝 열렸다. 이른바 개천에서 용이 날 수 있는 구조가 만들어진 것이다.

표 3.3에 정리되어 있듯이 '공업고등학교 특성화' 정책을 통해 '2급 기능사' 혹은 '기능사보'로 육성된 고교 졸업자는 1979년 한 해에만 5만 명을 넘나드는 숫자였다. 그러므로 이를 1972년부터 1981년까지 누적하면 약 50만 명의 공고 졸업생이 기능공으로 배출되었음을 알 수 있다.

입체적으로 보아 이러한 혁명적 변화의 시작은 자주국방이라는 목표를 이루기 위한 중화학공업화로부터 비롯된 결과이다. 중화학공업화를 추진한 박정희 대통령의 '권위주의' 유신체제는 농어촌 청소년을 중심으로 한 계층의 상승이동을 대량으로 만들어 내고 있었다. 유신이 평등지향적 사회구조를 만들어 내는 '정치적 갑옷'의 역할을 하고 있었다는 해석이 가능한 대목이다. 한국 현대사의 역설이 아닐 수 없다. 특히 민주화 이후 최근 젊은이들 사이에 '흙수저' 혹은 '헬조선' 등의 담론이 퍼지는 상황과 비교하면 더욱 그렇다.

직업훈련 : 공공직업훈련, 사업내직업훈련, 인정직업훈련

부족한 기능공을 충원하는 통로로 공업고등학교를 특성화시키는 방법 말고 활용된 대안이 직업훈련이다.

1973년 중화학공업화가 추진되기 이전까지 존재하던 직업훈련은 1967년 1월 제정된 「직업훈련법」에 따라서 시행되었다. 이 법은 직업훈련을 크게 두 가지 유형으로 구분했다. '공공직업훈련'과 '사업내직업훈련'이다.

공공직업훈련에는 군, 정부기관, 지방자치단체 등 공법인에 의한 직업훈련 및 비영리법인체가 노동청장의 인가를 받아 실시하는 '인정' 직업훈련이 포함되었다.[3] 수출증대와 농가소득 증대를 위한 수공예 분야의 기능인력 양성을 목적으로 지방마다 설립된 '촉진훈련소' 및 기계화 영농과 농촌의 전기 보급 등 농촌근대화를 위한 기능인력 양성을 목적으로 한 '농촌직업훈련소'의 직업훈련도 공공직업훈련에 포함된다(정택수 2008: 35, 42).

본격적인 공공직업훈련의 확충은 주로 국제원조자금과 차관자금으로 이루어졌다. 국제원조자금으로 이루어진 대표적인 사업이 유엔개발계획(UNDP) 자금으로 1968년 설립된 '중앙직업훈련원'이다. 또한 1971년에는 독일의 지원으로 '한독부산직업공공훈련원'이, 그리고 1976년에는 일본 정부의 협조로 '대전직업훈련원' 및 벨기에의 도움으로 '한백창원직업훈련원'이 각각 설립되었다.

공식적인 국제원조라고는 할 수 없지만 1973년 10월 용산의 보광동에 설립된 '정수직업훈련원' 또한 미국 하원의원(루이지애나 주) 오토 패스만(Otto Passman)이 육영수 여사를 후원한 자금으로 출발한

---

3 비영리법인체가 실시하던 공공직업훈련은 1976년 12월 「직업훈련기본법」이 제정되면서부터 '인정직업훈련' 범주로 바뀌었다.

공공직업훈련원이다.[4] 이 직업훈련원은 상급학교에 진학하지 못한 중학교 졸업 또는 동등 이상의 학력을 가진 청소년에게 기능교육을 제공했으며, 훈련 연한은 주간생은 1년, 야간생은 1년 6개월이었다. 전원 기숙제이고, 입학금·수업료·실습비·기숙비 등이 일체 무료였으며, 실기 위주의 단기교육으로 2급 기능사를 양성하였다.[5]

이와 같은 5개의 국제협력에 의한 공공직업훈련원과는 별도로 노동청은 아시아개발은행(ADB) 및 세계은행(IBRD) 등으로부터 차관을 들여와 1973년부터 1980년까지 전국에 모두 20개의 공공직업훈련원을 설치했다(정택수 2008: 35-42).

한편, 사업내직업훈련은 사업체가 경영 상의 필요에 의해 그 종업원 혹은 종업원이 될 수 있는 자를 대상으로 실시하는 직업훈련을 말한다(정택수 2008: 33). 사업내직업훈련 가운데 보사부령에 적합한 기준인 경우 그 훈련을 행하는 자의 신청에 의해 노동청장이 인정을 하면 '인정직업훈련'으로 구분했다. 인정직업훈련기관은 공공직입훈련기관처럼 직업훈련비의 선부 또는 일부를 노동청으로부터 보조받을 수 있었다. 인정직업훈련의 이와 같은 보조금 제도는 사업내직업훈련을 촉진시키는 데 크게 기여했다(정택수 2008:

---

4 '정수'라는 이름은 박정희 대통령의 '정'과 육영수 여사의 '수'를 따서 붙인 이름이다. 당시 중화학공업화를 담당하던 경제수석비서관 오원철은 이 훈련원이 출발하는 과정에 담긴 일화를 2011년 5월 필자와의 인터뷰에서 다음과 같이 소개했다. "미국 하원의원 Otto Passman이 대통령을 방문하면서 제법 큰돈을 육 여사를 위해 기부했는데 이 돈을 어떻게 쓰는 게 좋겠냐며 류혁인 당시 정무수석이 찾아와서 의논 끝에 기능공 양성을 위한 직업훈련원을 만들 것을 제안했다."

5 "이 훈련원은 교육의 충실성으로 유명하였다. 1996년 정수기능대학으로 승격되었다가 2006년 한국폴리텍1대학이 되었다"(서상선 2002: 128-34).

34).

사업내직업훈련의 증가 경향에 만족한 정부는 그러나 경제개발에 따른 자금수요 압박 때문에 1972년부터 인정직업훈련에 대한 보조금 지급을 중단했다. 보조금이 중단되자 사업내직업훈련의 규모는 급락했다. 대부분의 사업주가 훈련을 기피함으로써 기능인력의 수급에 차질을 가져왔을 뿐 아니라, 사업주들은 자체 인력 양성보다는 기존의 인력을 스카우트하려고 해 많은 문제점이 등장했다(정택수 2008: 69-70). 이러한 문제에 대응하면서 중화학공업화에 필요한 기능인력 특히 1973년 12월 도입된 「국가기술자격법」에 따른 기능사 2급의 자격을 갖춘 기능공을 본격적으로 양성하는 새로운 직업훈련제도의 도입이 절실히 필요한 시점이었다.

이 문제는 두 번의 입법으로 해결되었다. '사업내직업훈련 의무제'를 도입한 1974년 12월의 「직업훈련에 관한 특별법」, 그리고 '사업내직업훈련 분담금' 제도를 도입한 1976년 12월의 「직업훈련기본법」 및 「직업훈련촉진기금법」의 제정이 그것이다.

1974년의 특별법은 500인 이상 근로자를 고용한 사업주로 하여금 매년 일정한 비율[6] 이상의 기능인력을 사업내직업훈련을 통해 의무적으로 양성하도록 하여 기업이 필요한 기능인력을 스스로 충당하게 하였다. 이 법은 시행 2년이 지나면 200인 이상을 고용하는 기업으로 대상이 확대되는 조항도 마련하고 있었다(정택수 2008:

---

6 '일정한 비율'은 상시고용근로자의 15/100이 되도록 법에 명시하였다.

70-71).

1976년의 「직업훈련기본법」은 1974년 법에서 의무자가 직업훈련을 실시하지 못하면 벌금 등 형사처벌을 받도록 규정되어 있던 내용을, 피치 못할 사정으로 직업훈련을 실시하지 못하는 경우 분담금을 대신 납부할 수 있도록 개선한 법이다. 또한 이 기본법에서는 직업훈련을 '공공직업훈련', '사업내직업훈련', '인정직업훈련'이라는 세 가지 범주로 확실히 구분하여, 종래 성격이 불분명하였던 인정직업훈련을 하나의 분명한 직업훈련 형태로 정립하였다.

표 3.4 제3, 4차 경제개발 5개년계획 기간중 직업훈련에 의한 기능공 양성 계획과 실적(1972~81)

연도	직업훈련 계획(A)(명)	직업훈련 실적(B)(명)	B/A
1972	32,436	30,668	0.95
1973	31,900	39,851	1.25
1974	47,000	41,310	0.88
1975	74,900	75,254	1.00
1976	91,600	125,653	1.37
3차 5개년계획 합계	277,836	312,736	1.13
1977	96,300	83,027	0.86
1978	170,700	100,425	0.59
1979	176,200	129,442	0.73
1980	181,800	104,480	0.57
1981	187,300	78,365	0.42
4차 5개년계획 합계	812,300	495,739	0.61
전체 합계	1,090,136	808,475	0.74

정택수(2008: 131, 133, 136) 재구성

한편 동시에 제정된 「직업훈련촉진기금법」은 분담금을 적립한 직업훈련기금의 운용에 관한 규정을 따로 두어, 이 기금이 1981년이 되면 당시 갓 출범하는 한국직업훈련관리공단의 출연금으로 사용될 수 있도록 했다(정택수 2008: 72-75).

표 3.4는 직업훈련을 통해 배출된 기능공의 규모를 보여 주고 있다. 이 표는 1972년부터 1981년까지, 즉 제3차 및 4차 경제개발 5개년계획 기간 10년 동안 '직업훈련'을 통해 약 81만 명의 기능공이 추가로 배출되었음을 확인해 준다. 만약 시기를 박정희 대통령이 재임한 1979년까지로 국한하면 약 62만 명 규모의 기능공이 배출되었음을 알 수 있다.

이 표는 또한 전체 10년을 기준으로 실적이 계획에 비해 약 4분의 3 수준에 머물렀다고 말하고 있다. 그러나 두 번의 5개년계획을 구분하면 상황이 다름도 확인할 수 있다. 3차 계획기간에는 실적이 계획을 추월하지만, 4차 계획기간에는 실적이 계획을 밑돌고 있기 때문이다. 이러한 결과는 아마도 앞에서 살펴본 공고를 통한 기능공 양성이 1970년대 중반부터 본격화되면서 직업훈련을 통한 기능공 공급의 중요성이 상대적으로 약화되었기 때문으로 짐작된다.

같은 기간 앞에서 확인한 바와 같이 '공고' 교육을 통해 추가로 충원된 기능공의 규모 또한 약 50만 명에 달했다. 그렇다면 '공고'와 '직업훈련'의 실적을 합치면 전체 131만의 기능공이 추가로 배출된 셈이다. 실로 엄청난 규모의 기능공 양성이 이루어졌다고 하지 않을 수 없다. 그리고 이는 앞에서 살펴본 대로 김진균(1978) 교수의 논문에 등장하는 정부의 예측, 즉 10년 동안 134만 명의 기능공 양성이 추가로 필요하다는 예측에 따라 필요한 인력의 추가 공급이 실제로 거의 차질 없이 집행되었음을 확인해 주는 결과다.

직업훈련을 받은 사람들 가운데 2급 기능사 자격을 획득한 사람의 숫자가 얼마가 되는지는 정확히 알 수 없다. 다만 「직업훈련기본법」에 따라 양성된 이들은 공업고등학교 재학생을 대상으로 교육법에 따라 기능공을 양성하는 방식과의 중복을 피하기 위해(정택수 2008: 73), 단기간에 한 가지 직종에 대해 구체적이고 세밀한 훈련을 집중적으로 받았다. 당시 설치된 직업훈련원의 설립 목적 및 훈련기간 그리고 훈련 직종 등과 같은 세부적인 내용은 **표 3.5**를 참고할 수 있다.

이러한 집중적인 훈련 덕분에 이들은 직업훈련원을 마치고 나면 바로 기업이 요구하는 수준에서 일을 할 수 있었다. 시장에서의 반

표 3.5 직업훈련원의 훈련기간 및 훈련 직종

훈련 기관	설립 목적	훈련기간	직 종
중앙직업 훈련원	직업훈련, 교사 양성	2년	주물목형, 기계공작, 기계조립, 금형공구, 배관, 판금용접, 내연기관, 전기기기, 공업전자
정수직업 훈련원	기능공 양성	주간 1년, 야간 1년 6월	기계조립, 선반, 밀링, 용접, 배관, 중기, 전자, 전기, 공예, 건축목공, 기계자수, 수자수
한백직업 훈련원	기능공 양성	주간(기능사 2급) 1년, 야간(기능사보) 6월	선반, 밀링, 연삭, 다듬질, 용접, 판금, 정밀설계, 금형공구

문교부(1980: 116)

응이 나쁘지 않았기 때문에 이들은 대부분 훈련을 마침과 동시에 당시 성장하고 있던 중화학공업 분야의 대기업에 손쉽게 취업할 수 있었다(김진균 1978: 424-26).

5. 소결

이 장의 요점은 두 가지로 압축된다.

첫째, 한국의 기능공들은 1973년 박정희 정부의 중화학공업화 정책에 따라 '산업전사'라는 이름으로 집중적으로 대량육성되었다. 이들은 기능공으로 훈련받고 사회에 진출하면서 교육방식과 기술훈련 및 취업 조건에 있어서 경공업 분야의 '비숙련' 혹은 '반숙련' 노동자와는 근본적으로 다른 첫 세대의 숙련노동자 집단으로 자리매김되었다. 이들은 중화학공업화에 필요한 인력을 체계적으로 양성할 목적으로 육성된 집단이었기 때문에 국가가 시행한 기능사 자격을 취득해야 했다. 다시 말해 이들은 별다른 교육 없이 공장으로 직행해 주로 경공업 분야에 종사하던 비숙련 혹은 반숙련 노동자들과는 전혀 다른 전문적 숙련공들이었다. 따라서 기존 학자들이 주장해 온 "한국 노동력은 대부분 반숙련"(구해근 2002)이라는 전제는 잘못된 것이다.

둘째, 중화학공업화 정책이 길러 낸 기능공들은 크게 두 가지 통로로 기술을 교육받고 자격을 취득하였다. 그 하나는 농어촌 출신으로 1970년대에 공고에 진학하고 졸업 후에는 방위산업이나 중화학공업 분야의 대기업에 취업한 남성노동자 통로이다. 다른 통로는 직업훈련을 거쳐 전문적인 기술을 익힌 후 중동에 파견된 경험 등을 가진 당시 20대 및 30대 남성노동자 통로이다. 이러한 두 집단의 남성 기능공 노동자를 양산하는 데에는 정부의 이른바 '공업고등학교 특성화정책' 및 이와 동시에 추진된 '인문계 고등학교 평준화정책' 그리고 여러 가지 직업훈련을 위한 특별조치들, 즉 1974년의 '국가기술자격제도' 및 1974년의 「직업훈련에 관한 특별법」 등이 효과적으로 기여했다.

이렇게 하여 시장기능에 더하여 국가에 의해 추가로 양성된 기능공의 숫자는 1972년 제3차 경제개발 5개년계획이 시작되어 1981년 제4차계획이 마무리될 때까지 130만을 넘나드는 대규모였다. 이를 시장기능에 따른 기능공 양성과 합치면 대략 200만 명의 기능공이 배출된 셈이다. 이들은 지리적으로 울산, 마산, 창원 등과 같은 중화학공업단지에 집중적으로 배치되어 1980년대 후반 민주화운동을 폭발시키며 '87노동자대투쟁을 주도하기도 했다.

1987년 이후 이들은 노동조합을 결성해 임금을 한껏 끌어올릴 수 있었고, 또한 다음 장에서 보게 되듯 1997년 IMF위기 이후에는 구조조정의 칼바람을 노동조합의 힘으로 헤쳐 나가며 조합에 가입할 자격이 없는 '비정규직'을 희생양으로 삼아 스스로의 위치를 보존해 왔다. 그리고 제5장에서 보게 되듯, 바로 이들이야말로 오늘날 대기업 부분의 정규직 노동자를 구성하는 '귀족' 노조 집단이다.

이들은 다른 분야의 비숙련 노동자들과 비교하여 계층의 상승이 동을 실현할 수 있었던 집단으로, 소속 기업으로부터 제공받는 임금, 직장의 안정성, 복지 혜택 등에서는 결코 소외된 집단이 아니다. 그렇기 때문에 바로 이들이야말로 오늘날 대한민국의 중산층을 구성하는 핵심 집단이다. 이 숙련노동자들의 뿌리에 1970년대 박정희가 추진한 중화학공업화, 그리고 200만 기능공 양성이 자리잡고 있다.

숙련노동자 기능공의 중산층화
― 현대중공업 사례를 중심으로

1. 서론
2. 현대중공업 기능공의 계층이동
   기능공의 계층적 출신배경
   기능공의 임금소득 변화
   기능공의 현재 소속계층
3. 중산층 사회의 등장과 오늘날의 문제
4. 소결

사진 4.1 현대중공업 전경

사진 4.2 정주영 회장이 현대중공업 사원들에게 1만 채의 사원 아파트를 지어 주라
고 해서 1983년 완공된 일명 '만세대 아파트' 전경

이 장은 유광호·류석춘 (2015)에 발표한 내용을 수정 및 보완한 것이다.

1. 서론

박정희 대통령의 중화학공업화 정책을 배경으로 기술을 습득하고 또 직장을 얻은 숙련노동자, 즉 기능공의 계층이동 경로를 추적하는 작업은 한국 사회의 거시적인 계층구조 변화를 확인하는 핵심적 단초가 될 수 있다. 그러나 지금까지 후발산업화를 분석하는 데 많은 기여를 한 '발전국가론'조차도 산업화의 현장에서 땀 흘렸던 기능공들에 관해서는 본격적인 연구를 시도하지 않았다.[1] 한국의 발전에 관한 논의는 대부분 국가의 정책 및 집행과 같은 거시적인 수준에서만 이루어져 왔다. 미시적인 차원에서 구체적인 사람들, 특히 기능공과 같은 숙련노동자들의 삶이 계층구조에서 어떠한 경로를 밟으며 변화하여 왔는지를 분석한 연구는 거의 없다고 해도 과언이 아니다.

이 간극을 메우기 위해 여기에서는 1970년대 박정희 대통령의 중화학공업화 정책을 배경으로 양성된 기능공들이 지금까지 어떠한 삶의 궤적을 밟아 왔는지를 구체적으로 살펴보고자 한다. 분석의 대상은 1972년 정주영이 설립한 현대중공업(현대조선)에 입사한 기능공들이다. 특히 현대중공업의 초창기 10년, 즉 1973년부터 1983년까지 입사한 기능공들 가운데 2015년 현재까지 근속하고

---

[1] 발전국가론(developmental state literature)은 일본을 사례로 Chalmers Johnson (1982)이 처음 시작하였고, 한국을 사례로 한 연구는 Amsden (1989), Wade (1990), Evans (1995), Chibber (2003), Davis (2004), Chang (2006), Lew (2013) 등이 있다.

있는 표본 20명을 찾아 이들의 숙련 형성 및 숙련 축적 과정은 물론이고, 출신 계층과 현재 속한 계층을 알아보기로 한다.[2] 다시 말해 초창기 현대중공업에 입사한 기능공, 즉 숙련노동자들을 통해 그들은 어떤 사람들이었으며 또한 지금은 어떤 생활을 하고 있는지를 밝혀 보는 작업이다.

현대중공업은 "조선이라고 물 위에 떠 있을 배를 만드는 일이 땅 위에 공장 짓는 것과 다를 바 뭐 있냐"(정주영 1991: 116)며 박정희 대통령이 정주영 회장[3]에게 강권해 시작된 기업이다. 이 회사는 1972년 울산의 작은 조선회사로 출발하여, 2017년 지금 세계 최고의 경쟁력을 가진 중공업 분야의 종합회사로 성장했다. 최근의 주요 사업영역은 조선사업(유조선 및 군함), 해양·플랜트사업(해양유전개발설비), 엔진기계사업(대형엔진 및 로봇), 전기전자시스템사업(발전 및 송배전), 그린에너지사업(태양광발전), 건설장비사업(굴삭기, 지게차) 등이다. 2014년 말 현재 직원 28,291명(정규직 26,710명, 계약직 1,581명)을 고용하고 있으며, 직원 1인당 평균 급여액은 연 7,500만 원을 넘나든다.[4] 최근 세계적인 조선업 불황으로 경영 상의 어려움을 겪고 있

---

2 이 연구는 이들 현대중공업 초창기 입사자들 20명 이외에도 같은 시기 동종 업계에서 함께 출발한 기아기공 및 대우중공업 입사 기능공 10명 및 9명을 같이 조사하였다. 기아기공은 1997년 외환위기를 겪으며 현대위아에 인수·합병되었고, 대우중공업은 두산중공업에 인수·합병되었다. 세 회사의 경우를 비교분석하는 작업은 제6장에서 시도한다.

3 현대그룹의 정주영 회장이 중화학공업 분야에 창업한 회사는 너무 많아 열거하기 어렵다. 대표적인 기업만을 꼽으면 1967년 창업하여 1975년 종합자동차공장으로 성장한 현대자동차, 1972년 창업한 현대중공업, 1962년 창업하여 1976년 창원종합기계공장으로 발전한 현대양행(현 두산중공업), 1977년 창업한 현대정공, 1978년 창업한 현대중전기 등을 들 수 있다.

4 http://www.hhi.co.kr (2015. 5. 15 검색).

지만, 우리나라 중공업의 세계적 경쟁력을 보여 주는 대표적 기업이다.[5]

글은 다음과 같은 순서로 기술된다. 우선, 1973년부터 1983년까지 현대중공업에 입사하여 2015년 현재까지 근속하고 있는 기능공들 가운데 분석의 대상이 되는 표본 20명을 구성한다. 다음, 이들을 대상으로 1) 계층적 출신 배경, 2) 임금소득을 비롯한 제반 처우의 변화, 3) 현재 소속된 계층적 배경을 분석한다. 이를 통해 이들이 언제 그리고 어떻게 중산층으로 진입했는지를 밝히고자 한다. 마지막으로는 위와 같은 분석 결과를 토대로 한국 사회의 계층구조 변화에 기여한 박정희의 역할은 물론이고 그의 사후 벌어지고 있는 오늘날의 문제까지도 간략히 검토해 보고자 한다.

2. 현대중공업 기능공의 계층이동

제3장에서 우리는 한국의 산업화 과정에서 기능공들이 어떤 교육과정을 거쳐 왔고 그 과정에서 정부는 어떤 방식으로 기능공 양성과 교육을 주도했는지를 집중적으로 조명했다. 살펴본 바와 같이 1973년 선언한 중화학공업화와 함께 국가적 차원에서 양성된 기능공의 숫자는 1981년까지 대략 200만에 달하는 엄청난 규모였

---

5 현대중공업은 오늘날 미국의 제너럴다이내믹스, 독일의 지멘스, 일본의 미쓰비시중공업 등 기라성 같은 회사들과 어깨를 겨루며 한국경제를 이끌고 있다.

다. 또한 다소의 굴곡은 있었지만 그러한 양성과 교육은 1980년대
에도 이어져 1987년 노동자대투쟁이 벌어지기까지 계속되었다.

　이들은 지리적으로 울산, 마산, 창원 등과 같은 중화학공업단지
에 집중적으로 배치되어 1980년대 후반 폭발적인 노동운동을 주도
하였다. 당시 지속된 한국경제의 호황과 함께 전개된 노동운동 덕
택에 이들에 대한 처우는 전반적으로 급상승하였다. 한편 이들은
1997년 들이닥친 외환위기의 후폭풍으로 구조조정의 칼바람을 정
면으로 맞기도 했으나 1980년대 후반 우후죽순으로 결성한 노동조
합 덕택에 비정규직을 차별하며 스스로의 이익을 지키기도 했다.
그렇기 때문에 1997년 이후 심화되고 있는 노동계층의 양극화 과
정에서 잘나가는 대기업 부문의 정규직 숙련노동자를 대표하는 집
단이 바로 이들이다. 오늘날 양산되고 있는 비정규직 노동자의 정
반대편에 존재하는 이들은 심지어 '노동귀족'이라는 호칭까지 얻
고 있다.

　그렇다면 이들은 과연 어떤 과정을 거쳐 안정된 직장과 고임금
을 누리는 노동자로 성장하였는지 궁금하지 않을 수 없다. 이제부
터는 현대중공업에 입사한 생산직 사원, 즉 기능공 출신을 대상으
로 이 문제에 대한 구체적이고 실증적인 분석을 시도한다.

　분석에 사용할 표본 20명의 구성은 아산사회복지재단의 협조를
거쳐 현대중공업 인사팀의 지원을 받아 이루어졌다.[6] 심층면접에

---

6 이러한 협조가 이루어진 배경에는 2015년 11월 '아산 정주영 명예회장 탄신 100주년 기념
　행사'의 일환으로 개최된 '아산 정주영 탄신 100주년 기념 학술심포지엄'에서 필자가 논문을

사용될 설문의 기본 내용에 관한 협의를 우선적으로 진행하였다. 이들을 상대로 한 심층면접 설문은 크게 8가지 주제로 구성되었으며, 총 88개 문항을 사용하였다. 최종적으로 사용된 심층면접 설문지는 **부록** 5에 제시되어 있다.

면접 대상자 선발은 박정희 정부가 시행한 다양한 방식의 기능공 육성 통로가 가급적 모두 반영되는 방향으로 이루어졌다. 즉, 1973년부터 1983년 사이에 입사하여 2015년 현재까지 근속하고 있는 초창기 기능공 가운데 1) 사업내직업훈련원 출신 7명, 2) 공공직업훈련원 출신 4명, 3) 시범공고를 포함한 공업고등학교 출신 5명, 4) 현대공고[7] 출신 4명을 선발하였다. 이는 물론 표본 구성에 있어서 두 가지 종류의 기능공 양성 프로그램인 공고 출신과 직업훈련원 출신을 대략 절반씩 포함시키는 전략이 반영된 결과다. 이 과정에서 노조 지도부 활동에 참여한 경력이 있는 기능공이 표본에 포함될 수 있도록 노력하였으나, 아쉽게도 무산되었다.

조사는 기본적인 심층면접을 대면으로 실시한 다음, 경우에 따라 일부 응답자는 전화를 통해 추가적인 면접도 실시했다. 이에 더해, 현대중공업 인력개발부 담당자로부터 연구대상자들의 근속기간에 해당하는 시기의 임금변동 정보와 후생복지 혜택의 변동 등에 관한 회사 측의 자료를 수집했다. 조사에 관한 구체적인 협의가

발표할 기회가 있었기 때문이다.

7 현대공고는 현대그룹 정주영 회장이 1978년 설립한 울산의 현대공업고등학교를 말한다. 1970년대 새로 설립된 대표적 일반 공고다. 현대중공업은 이 학교의 졸업생을 우선적으로 채용했기 때문에 표본 구성에서 특별히 주목하였다.

시작된 시점은 2014년 11월 말이고, 조사가 완료된 시점은 2015년 3월 말이다.[8]

기능공의 계층적 출신배경

지금부터는 응답자들의 출신배경에 관한 계층 분류 작업에 착수한다.

표 4.1은 심층면접 표본에 포함된 생산직 사원 20명의 인구·사회·경제적 배경 및 학력수준과 심리적 동기, 자격증 소지 여부 그리고 입사의 방식 등에 관한 기록을 정리한 결과다. 표의 가장 오른쪽 칸에는 여러 상황을 종합해 연구자가 판단한 응답자 개개인의 입사 당시 소속계층이 제시되어 있다.

우선 응답자의 인구학적 특성 및 그에 따른 현재의 직급에 관한 정보를 정리해 보자.[9]

표본은 모두 1973년부터 1983년까지, 즉 현대중공업의 초창기

---

8 조사 당시 경영 상의 어려움으로 현대중공업이 자랑하는 '19년 무쟁의' 노사관계가 위태로운 상황이었음에도 불구하고(신동명 2014) 연구의 원활한 수행을 위한 협조를 제공해 준 아산사회복지재단의 복지사업실장(ㅇㅊㅎ) 및 현대중공업 인력개발팀장(ㄱㅁㅅ)께 감사한다.

9 현대중공업의 직급체계는 1988년 5월 개정 이후 생산직과 사무직을 구분하지 않고 단일직군으로 운영해 왔다. 직급체계 및 승진 연한은 다음과 같다. 표에서 생산직의 'ㅇ기'는 'ㅇ급 기사'의 준말이다. 예컨대 '7기'는 '7급 기사'를 의미한다.

구분	7급	6급	5급	4급	3급	2급	1급 병	1급 을	1급 갑	임원
사무직	7급	6급	5급	4급	대리	과장	차장	부장대우	부장	상무
생산직	7기	6기	5기	4기	기원	기장	기감	기정대우	기정	상무
승진연한	–	2년	2년	2년	4년	4년	5년	5년	2년	–

에 입사해서 오늘날까지 근무하는 사원들이라 나이가 많다. 이들 중 가장 젊은 그룹이 현대공고 출신인데, 이들은 2015년 현재 40대 후반부터 50대 중반의 나이이고 직급은 '기원'부터 '기장'까지, 즉 표본에서 상대적으로 낮은 직급을 차지하고 있다.[10] 반면에 가장 연배가 높은 그룹은 사업내직업훈련원 출신으로 50대 후반부터 60까지의 나이에 대부분 '기장' 혹은 '기원'의 직급을 차지하고 있다. 그리고 이 두 그룹 사이의 나이에 공공직업훈련원 및 일반 공고 출신들이 대거 포진하고 있다. 이 중 직급으로 보면 어느 그룹보다 단연코 공공직업훈련원 출신이 돋보인다. 이들 가운데에는 표본에서 가장 높은 직급을 가진 '기정(부장급)'이 한 명 있고 또 그 바로 아래 직급인 '기감'도 2명이나 있기 때문이다. 일반 공고 출신은 '기감', '기장', '기원'으로, 공공직업훈련원 출신보다 다소 아래의 직급에 포진하고 있다.

다음, 응답자의 출신지역 분포를 보면 현대중공업이 소재하는 울산 인근의 경남, 경북, 부산이 차지하는 비율이 높다. 그러나 전라, 충청, 강원, 심지어 서울 출신도 있는 사실을 확인할 수 있다. 이는 1970년대 말부터 1980년대 초반에 이미 현대중공업이 취업 희망자들에게 인기 있는 기업이었음을 간접적으로 드러낸다.

당시 현대중공업은 방위산업체로 지정되어 2급 기능사 자격을 취득한 사람이 입사하면 병역특례 혜택을 주고 있었다. 일반적으

---

10 현대공고의 개교 시점이 1978년이기 때문에 첫 졸업생이 배출되는 1981년에야 입사가 가능한 상황이었다. 그러므로 이들이 표본에서 가장 젊은 그룹을 형성하는 모습은 당연하다.

로 방위산업체에 취업한 병역특례자들은 5년간의 의무근무 기간이 끝나면 각자의 고향이나 대도시로 이직하는 경우가 대부분이었다.

표 4.1 현대중공업 1973~83 입사 기능공 20명의 입사 배경과 소속계층

	분류* (나이)	입사년 현직급	고향	가정형편 '주관적 소속계층'	입사 당시 공식 학력	기능계 선택 동기	입사 동기	기능사 자격, 입사방식**	계층 판별
1	사직1 (60)	1973 기원	경남 울산	농지 무 '하'	학성고	취직	고향 소재 대기업	없음, 훈련원	하
2	사직2 (60)	1979 기원	전북 남원	논 1,200평 '중'	남원 농공고	가난한 집안환경	새로운 삶	없음, 훈련원	중하
3	사직3 (60)	1981 기원	경남 하동	논 1,600평 '중'	진교 종합고	기술이 없어서	입사 용이	없음, 훈련원	중하
4	사직4 (59)	1981 기장	경남 고성	논 2,000평 '중'	진주공고	경제사정 어려워	대기업, 입사 용이	없음, 훈련원	중하
5	사직5 (59)	1981 기장	부산 동래	도시 출신 '하'	광성공업 전문학교	기술자가 되려고	현대라서 생활 가능	없음, 훈련원	하
6	사직6 (58)	1981 기원	충남 공주	논 2,000평 '중'	영면고	대학 진학 실력 부족	생계 유리	없음, 훈련원	중하
7	사직7 (57)	1982 기원	충북 청주	논 2,500평 밭 400평 '중'	중졸 (현공 야간 85년 졸업)	기술 습득	농사로는 전망 없어	없음, 훈련원	중중
8	공직1 (58)	1975 기정	부산 기장	농지 무 '하'	중졸	훈련원 추천	적성에 맞아	2급, 정수직훈, 공채, 병역특례	하
9	공직2 (55)	1979 기감	경북 봉화	논 1,000평 밭 3,000평 '중'	부산 방통고	경제사정 어려워	자신의 전공 부합, 대기업	2급, 구미직훈, 공채, 현대중전기 병역특례	중하
10	공직3 (53)	1979 기장	전남 여수	논 1,400평 밭 6,000평 '중'	고졸	병역특례 자격 획득	대기업, 방위 산업체	2급, 공공직훈, 공채, 병역특례	중중

그래서 결국에는 사업체가 소재한 도 출신들만이 장기적으로 근속하는 경우가 많았다(유광호 2014: 16). 그러나 현대중공업의 경우는

11	공직4 (56)	1979 기감	경북 상주	논 500평 밭 200평 '하'	중졸 (현공 야간 81년 졸업)	기술보국, 해외취업, 가족 위해	해외취업, 병역특례	2급 대구직훈, 공채, 병역특례	하
12	공고1 (58)	1974 기감	경남 고성	논 1,200평 밭 600평 '중'	마산공고	부모 권유	고3 실습 교사 인도	고3 실습	중하
13	공고2 (58)	1979 기장	경북 청송	논 200평 밭 400평 '하'	경상공고	가정형편	전공 살리려	2급, 공채	하
14	공고3 (55)	1979 기장	경북 영천	논 3,000평 밭 1,500평 '중'	경북공고	3형제 대학 진학 불가능	대기업, 병역특례	2급, 공채, 병역특례	중중
15	공고4 (55)	1979 기장	강원 강릉	정미소 경영 '중'	강릉 농공고	본인 적성	교사 추천	2급, 고교 추천, 병역특례	중상
16	공고5 (58)	1981 기원	경북 경주	논 2,500평 밭 500평 '중'	경주공고	경제적 이유	특별한 이유 없음	없음, 공채, 현역군필	중중
17	현공1 (54)	1981 기장	부산 기장	논 600평 밭 450평 '중'	현대공고	공고 매력, 가정 여건	대기업, 최고기술 인 되기	없음, 공채	중하
18	현공2 (55)	1982 기장	경북 안동	논 1,600평 밭 990평 '중'	현대공고	돈 빨리 벌려고	병역특례, 돈 벌려고	2급, 실습, 현대정공 병역특례	중하
19	현공3 (50)	1982 기장	서울	'하'	현대공고	취업	빨리 독립	2급, 실습, 병역특례	하
20	현공4 (48)	1983 기원	충북 제천	'중'	현대공고	가정형편 (4남 3녀)	방산업체, 안정된 회사	2급, 실습, 현대중전기 병역특례	중하

* '사직'은 사업내직업훈련원, '공직'은 공공직업훈련원, '공고'는 공업고등학교, '현공'은 현대공업고등학교 출신
** '직훈'은 직업훈련원 출신

전혀 다른 모습이다.

학력 분포는 고졸이 절대다수를 구성한다. 20명의 응답자 가운데 단 1명만이 입사 당시 고졸 학력을 넘어서는 공업전문학교 출신이었다. 입사 당시 학력이 중졸인 경우도 3명 있다. 그러나 이들 중 2명은 재직 중에 야간으로 현대공고를 졸업했다. 유일하게 아직도 학력이 중졸인 응답자가 있는데, 흥미롭게도 이 응답자의 직급이 응답자 가운데 가장 높은 '기정'이다. 이 응답자는 정수직업훈련원, 즉 공공직업훈련원 출신으로 훈련원을 마치면서 2급 기능사 자격을 따고 추천을 통해 현대중공업에 병역특례로 입사한 경우다.

다음은 가정형편 그리고 '주관적 소속계층의식'을 통해 본격적으로 응답자의 출신소속계층을 판별하는 작업이다. 우리는 응답자들에게 '중·고교 시기에 아들을 대학에 보낼 수 있으려면, 살림 형편이 어느 정도 돼야 한다고 보는가?'라는 질문을 하였다. 이에 대해 대다수가 '중상층' 이상이어야 한다고 대답했다. 구체적인 중상층의 기준으로는 '논 3천~4천 평 이상과 축우'와 같은 대답이 많았다. 또한 '농촌에선 논밭 합해서 1만 평 이상', '도시에선 상가건물 1채 이상 소유' 내지 '어촌 기준으로 어장을 운영하는 수준'이라거나, '당시 농사지어서 대학 보낸 집은 극소수고, 상업에 종사하는 집이거나 공무원들이 보냈다'는 답도 있었다.[11]

이와 같은 응답을 바탕으로 이 연구는 1970년대부터 1980년대 초까지 당시 농촌에서 자식을 대학에 보낼 수 있는 최소한의 형편을 가진 가정배경을 핵심중간층, 즉 '중중층'으로 삼았다. 이에 더해 기존 연구에서 사용한 계층분류 기준을 일부 수정 및 보완하고,[12] 또한 이번 조사에서 나타난 응답을 적극적으로 고려해 통상적인 계층 구분, 즉 상층·중층·하층 이라는 세 단계의 구분에 더해 중층에 한해서만 중상·중중·중하라는 세 단계의 구분을 추가했다. 결국 이 연구의 계층 구성은 상층·중상층·중중층·중하층·하층 이렇게 모두 다섯 단계로 구성된다. 이러한 구분을 위해 구체적으로 설정한 기준은 다음과 같다.

'상층'은 대지주, 고급관리, 의사, 변호사, 전문직 종사자 등이다. '중상층'은 논 9천 평 이상을 소유하면서 농사를 짓거나 소도시의 중소사업가 및 중급관리 등이다.[13] '중중층'은 논 3천 평에서 9천 평 사이를 소유하면서 농사를 하고 축우, 즉 소를 한 마리 이상 키우는 경우다.[14] '중하층'은 3천 평 이하의 농지를 소유하며 농사

---

11 1970년대 말은 고교 졸업자의 대학진학률이 전국적으로 30퍼센트를 밑도는 상황이었다. 농촌이나 지방 소도시의 진학률은 이보다 낮았을 것이다(박병영 2009).

12 조은(2000)은 계층을 다음과 같이 분류하였다. '상류층'은 대지주 및 대기업가, '중상류층'은 고급관리, 의사, 변호사, 전문직 종사자 등, '중하층'은 중소자작농, 소기업주, 하급관리 등, '하류층'은 소작농, 노동자, 무직자 등이다. 그러나 이 방식은 농촌과 지방 중소도시의 실정을 충분히 반영할 수 없는 단점이 있다. 예컨대 농지 소유의 다과에 관계없이 중소자작농을 무차별적으로 '중하층'으로 분류하거나, 지방 중소도시에서 소규모 기업을 경영하는 가구를 농민과 같은 '중하층'으로 분류하는 문제가 있기 때문이다. 도시에서 점포를 운영하면 농사짓는 것과 비교가 되지 않을 정도로 수입이 높을 가능성이 있다.

13 이 연구에서 '중상층' 농가의 기준으로 논 9천 평 소유를 상한으로 설정한 이유는 심층면접의 구체적인 응답에 더해, 1949년 시행된 농지개혁에서 논 9천 평 이상을 소유하면 지주로 취급하여 분배의 대상(농지소유 상한선)으로 삼았기 때문이다(김일영 2004: 106-16).

14 논 3천 평 소유를 '중중층'의 하한 기준으로 삼은 이유는 심층면접에서 그렇게 응답한 경우가 많았기 때문이기도 하고, 또한 농지개혁 후 전국 농가의 평균 농지소유 규모가 3천 평이었기 때문이다.

를 짓는 경우다. '하층'은 소작농이나 단순노무자 혹은 무직자 등이다.

이와 같은 기준에 따라 응답자 20명의 입사 당시 소속계층을 분류한 결과는 표 4.1의 마지막 칸에 정리되어 있다. 우선 응답자 중에 '상층' 출신은 진혀 없다. 다음, '중층'은 전체 14명(70%)으로, 이를 세분하면 '중상층' 1명(5%), '중중층' 4명(20%), '중하층' 9명(45%)으로 구성된다. 그리고 마지막으로 '하층' 출신은 6명(30%)이다.

따라서 응답자의 절대다수, 즉 20명 중 15명(75%)이 하층 혹은 중하층 출신임을 알 수 있다. 이 두 계층은 앞의 논의에 따라 가정형편 상 대학 진학이 애초에 어려운 집단이라고 추정할 수 있는 계층이다. 이들의 비율은 전체의 75퍼센트에 이른다. 즉, 절대다수가 대학 진학이 어려운 상황이었음을 알 수 있다.

한편, 응답자가 주관적으로 밝힌 소속계층도 '중' 14명(70%), '하' 6명(30%)으로, 연구자들의 기준에 따라 분류한 소속계층 분포와 큰 차이가 없었다.

이들이 기능 계통의 취업을 선택한 이유를 보면 응답자의 60퍼센트가 '가정형편이 어려워서', 그리고 20퍼센트가 '기술과 기능에 흥미가 있어서'를 선택했으며, 또 다른 20퍼센트가 부모나 학교 또는 정부의 권유에 호응하여 기능계를 선택했다고 응답하고 있다. '원래부터 기능인 희망'이라는 답변이 많았는데, 이는 '기술보국'이라는 박정희 대통령 시절의 발전국가의 가치와 그에 따른 사회적 의식 변화에 영향을 받은 것으로 보인다. 또한 응답자의 성적이 대학에 갈 정도가 되지 못했던 것이 가장 큰 원인이라고 말하는 경우도 적지 않았다. 반면에, 대학에 합격할 수 있는 성적이었는데 가난해서 못 갔다는 응답도 소수 있었다. 이러한 답을 한 응답자들은 대부분 형제자매가 많은 가정 출신이었다. 따라서 집에서 자식을 대학에 보내더라도 여러 형제 중 한 자식에게만 자원을 몰아주어야 하는 형편이었음을 짐작할 수 있다(Lew 2013: 25-46).

마지막으로, 2급 기능사 자격의 의미와 효과에 대하여 살펴보았다. 면접 대상 기능공 20명 중 입사 당시 2급 기능사 자격을 이미 갖춘 경우는 총 10명이다(50%). 그 분포를 보면 사업내직업훈련원 출신 7명 중에는 1명도 없는 반면(0%), 공공직업훈련원 출신 4명은 모두 자격 소지자이다(100%). 일반 공업고등학교 출신 5명 가운데는 3명이 가졌고(60%), 현대공고 출신 4명 가운데는 3명이 가졌다(75%). 이들 가운데 현대공고를 포함한 공고 졸업자들은 2급 기능사 자격 소지가 병역특례의 조건이었다는 맥락에서 그 의미를 강조한다.

그러나 동시에 이들 중 일부는 조선업이 현장 경험에서 시행착오를 겪으면서 익힌 지식이 중요하므로 실제 작업할 때는 해당 작업에 맞는 기량이 중요하지 기술 자격 자체는 일하는 데 큰 의미가 없다는 의견을 밝히기도 했다. 반면에 공공직업훈련원 출신들은 자격증 획득이 '인생의 전환점' 혹은 '기능인의 최고가 되겠다는 목표와 자부심이 인생철학으로 된 계기', 나아가서 '병역특례 보충

역으로 군입대 기간만큼 생활 안정에 기여'했다거나 '내 삶의 발판'이 됐다고 높이 평가하는 경향도 보였다.

1990년 이른바 현대중공업의 '골리앗 투쟁'으로 상징되는 전투적 노동운동에 대해서 이들 가운데 3명(15%)은 '시대의 흐름'이라고 생각한다거나 '내리만족'을 느꼈다고 답했다. 그러나 '지나치게 과격한 행동으로 바람직하지 않다'는 응답이 무려 13명(65%)에 이르렀다. 한편 그 파업투쟁의 원인으로는 '저임금과 인격 차별' 및 '회사 경영인의 거만한 자세와 간부들의 강압적 태도' 등을 드는 응답도 일부 있었지만, '상급노동단체의 꼭두각시 짓을 한 것', '노조 설립자들의 위상 과시를 위한 것', '과격 정치인의 정치투쟁에 이용된 것', '종북 좌파의 선동에 의한 것' 등이라고 생각하는 경우도 많았다. 한편 이 파업투쟁을 계기로 임금과 복지 수준이 대폭 향상되었고 인간적인 대우를 받게 되어 화이트칼라와 대등한 관계가 성립하게 되었다는 응답은 절대적이었다(87년노동자대투쟁20주년기념사업추진위원회 2007).

기능공의 임금소득 변화

이 절에서는 현대중공업 기능공의 임금소득 변화를 1973년부터 2013년까지의 기간에 걸쳐 살펴보기로 한다. 표 4.2는 1992년 출판된 『현대중공업사』가 제시하고 있는 1990년 12월 말 현재의 회사 임금체계를 재구성한 결과다. 등장하는 용어가 월통상임금, 월정임금, 월평균임금 등 엇비슷해 헷갈리기 쉽다.

우선 이들 엇비슷한 용어에 대한 차이를 이해하기 위해 기존의

표 4.2 현대중공업의 임금체계(1990년 12월 현재, 금액단위: 원)

총인원			20,552명	
평균연령			34.5세	
평균근속연수			8.4년	
부양가족수			3.8인	
월 평 균 임 금	월 정 임 금	월 통 상 임 금	기본급(A)	363,757	
			상여금지급 기준수당 (B)	근속수당	44,980
				지역·복지·현장수당	37,009
				가족·주거수당	18,000
				생산장려수당	20,000
				B=A×0.33	119,989
			비상여금지급 기준수당	직책·직급수당	2,179
				기술·직무수당	14,329
				합계	16,508
		월통상임금 합계(C)		500,264*	
		비상여금지급 기준연장수당	고정연장(O/T)근로수당	14,101	
			변동연장(O/T)근로수당	97,783	
			합계	111,884	
		월정임금 합계(D)	D=A×1.683	612,148	
	월평균 상여금(E)		E=(A+B)×(연간상여금지급률)/12개월 =(A+O.33A)×(연간상여금지급률)/12개월 =A×1.33×(연간상여금지급률)/12개월	241,878	
	월평균임금 합계(F)		F=D+E	854,026	
비 고	연간상여금지급률		600%**		

현대중공업(1992: 1196)

* 원문에는 월 통상임금 합계(C)의 마지막 단위가 5로 되어 있으나, 계산을 하면 4가 맞다. 따라서 월정임금 합계(D) 및 월평균임금 합계(F)도 1원씩 하향조정했다.

** 현대중공업(1992: 1196)에는 (500+α)로 나와 있다. 그러나 회사가 제공한 다른 자료에 의하면 1990년의 상여금지급률은 600%였다. 본 논문의 추계식으로 계산해 봐도 α는 100으로 나온다. 따라서 1990년의 연간상여금지급률은 600%로 했다.

문헌에 등장하는 정의를 중심으로 접근해 보자.

> 통상임금은 근로자에게 정기적·일률적으로 소정 근로 또는 총노
> 동에 대해서 지급하기로 정해진 급료로서 연장·야간·휴일근로수당,
> 연(월)차수당 및 해고수당 산정의 기초가 되는 임금이다. 따라서 통
> 상임금은 기본급과 미리 정해진 수당으로 구성된다. 한편 평균임금
> 은 이를 산정해야 할 사유가 발생한 날 이전 3개월 동안 해당 근로자
> 에 대해 지급된 임금의 총액을 그 기간의 총 날짜수로 나눈 금액으
> 로 회사 귀책사유로 인한 휴업수당, 퇴직금, 재해보상금 등을 산정
> 하는 기초가 된다. 여기에는 통상임금은 물론 연장·야간·휴일근로
> 수당 및 연월차수당 등과 같은 변동임금 그리고 연간 단위로 지급률
> 이 정해진 상여금도 포함된다. (손원준 외 2012: 298-99)

그러나, 여전히 헷갈린다. 오히려 **표 4.2**를 따라 1990년 개별 직
원이 매월 최종적으로 수령하는 월급이 단계적으로 어떻게 구성되
는가를 알아보면 헷갈리는 문제를 정리할 수 있다.

가장 기본이 되는 것은 '기본급'이다(A=363,757원). 여기에 각
종 수당이 추가로 지급된다. 수당 가운데는 근속수당, 지역·복지·
현장수당, 가족·주거수당, 생산장려수당 등과 같이 상여금 지급
의 기준에 포함되는 것도 있고(B=119,989원), 직책·직급수당 및 기
술·직무수당같이 그렇지 않은 것도 있다(16,508원=2,179+14,329).
기본급(A)에 약정된 수당들 모두를 더한 액수가 '월통상임금'이

다(C=500,264원=363,757+119,989+16,508). 여기에 고정 및 변동 연장수당 즉 오버타임(O/T, 잔업) 수당을 합한 액수가 '월정임금'이 된다(D=612,148원=500,264+111,884). 다시 여기에 월상여금(E=241,878원)을 더한 액수가 '월평균임금'이다(F=854,026원= 612,148+241,878).

여기서 주의할 대목은 월상여금(E)은 기본급(A)과 상여금 지급에 포함되는 수당(B)을 합친 금액에 '연간상여금지급률'을 곱한 다음 이들 다시 12개월로 나누어 얻는다는 사실이다. 상여금 지급의 기준에는 직책·직급수당 및 기술·직무수당과 연장근로수당(잔업수당)이 포함되지 않는다. 월상여금을 포함한 월평균임금이 실질적으로 직원이 매달 수령하는 임금의 총액에 가장 가깝다. 여기에는 기본급은 물론이고 관련된 수당 그리고 상여금까지도 포함되기 때문이다.

하지만 1990년을 제외한 나머지 기간, 즉 이 연구의 대상이 되는 1973년부터 2013년까지의 월평균임금 및 그 구성은 인력개발팀의 협조에도 불구하고 40년이라는 기간에 걸쳐 시계열적으로 일관성 있는 자료를 구할 수 없었다. 그러나 인력개발팀의 협조로 다행히 1973년 입사하여 2015년 현재까지 근무하고 있는 기능공 출신 생산직 직원 한 사람의 시계열 '기본급' 자료를 확보할 수 있었다.[15]

---

15 이 자료의 주인공(ㅇㄱㅅ)은 1955년생으로 1973년 부산의 한독기술고등학교를 졸업하고 같은 해 5월 1일 생산직으로 현대중공업에 입사하여, 만 58세가 되던 2013년 당시 기준에 따라 정년이 되어 임금도 가장 많이 받았다. 정년 이후 직제 변경 및 급여 조정을 통해 고용 연장을 하였으며, 2015년 임금피크제가 도입되면서 정년이 만 60세로 연장되어 조사 시점 인 2015년 2월 현재에도 재직하고 있다.

표 4.3 1973년 입사 기능공의 월평균임금 추계와 도시근로자가구 월평균경상소득 비교(1973~2013)

연도	(A) 기본급	(D) 월정임금 A×1.683	(K) 연간상여금 지급률(%)	(E) 월평균상여금 (A×1.33 ×K/12)	(F) 월평균임금 (D+E)	(L) 도시근로자 가구 월평균 경상소득	(M) 비율 (F/L)
73	56,880	95,000	없음	없음	95,000	38,000	2.1
74	—	—	—	—	—	46,000	
75	—	—	—	—	—	64,000	
76	—	—	—	—	—	86,000	
77	82,800	139,000	없음	없음	139,000	103,000	1.3
78	92,880	156,000	없음	없음	156,000	141,000	1.1
79	114,720	193,000	없음	없음	193,000	190,000	1.0
80	145,200	244,000	A×200	24,200	268,000	228,000	1.1
81	183,600	309,000	A×300	45,900	354,000	272,000	1.3
82	201,600	339,000	A×300	50,400	389,000	307,000	1.3
83	256,000	430,000	A×300	64,000	494,000	351,000	1.4
84	272,000	457,000	A×300	68,000	525,000	386,000	1.4
85	286,000	481,000	A×300	71,500	552,000	411,000	1.3
86	290,000	488,000	A×500	120,800	608,000	457,000	1.3
87	294,000	494,000	(A+α1)×500	147,500	641,000	530,000	1.2
88	390,779	656,000	(A+α2)×500	204,491	860,000	618,000	1.4
89	497,000	836,000	(A+α3)×500	275,000	1,111,000	762,000	1.5
90	578,100	972,000	(A+α3)×600	384,000	1,356,000	902,000	1.5
91	675,450	1,136,000	(A+α3)×600	449,000	1,585,000	1,107,000	1.5
92	727,300	1,224,000	(A+α3)×600	483,000	1,707,000	1,296,000	1.3
93	787,200	1,325,000	(A+α3)×650	557,000	1,892,000	1,407,000	1.4
94	889,500	1,496,000	(A+α3)×700	690,000	2,186,000	1,601,000	1.4
95	995,000	1,674,000	(A+α3)×700	772,000	2,446,000	1,812,000	1.4
96	1,149,000	1,933,000	(A+α3)×700	891,000	2,824,000	2,044,000	1.4
97	1,398,000	2,352,000	(A+α3)×700	1,084,000	3,436,000	2,158,000	1.6

98	1,429,000	2,405,000	(A+α3)×700	1,108,000	3,513,000	2,020,000	1.8
99	1,482,000	2,494,000	(A+α3)×700	1,149,000	3,643,000	2,116,000	1.8
00	1,603,500	2,697,000	(A+α3)×700	1,244,000	3,941,000	2,245,000	1.8
01	1,828,000	3,076,000	(A+α3)×700	1,418,000	4,494,000	2,504,000	1.8
02	1,949,000	3,280,000	(A+α4)×700	1,512,000	4,792,000	2,701,000	1.8
03	2,073,000	3,488,000	(A+α4)×700	1,608,000	5,096,000	2,827,000	1.8
04	2,173,000	3,657,000	(A+α4)×700	1,686,000	5,343,000	2,998,000	1.8
05	2,283,000	3,842,000	(A+α4)×700	1,771,000	5,613,000	3,131,000	1.8
06	2,416,000	4,066,000	(A+α4)×700	1,874,000	5,940,000	3,302,000	1.8
07	2,567,000	4,320,000	(A+α4)×700	1,991,000	6,311,000	3,518,000	1.8
08	2,732,000	4,598,000	(A+α5)×700	2,119,000	6,717,000	3,757,000	1.8
09	2,762,000	4,648,000	(A+α5)×700	2,142,000	6,790,000	3,699,000	1.8
10	2,858,000	4,810,000	(A+α5)×700	2,217,000	7,027,000	3,881,000	1.8
11	2,956,000	4,975,000	(A+α5)×800	2,620,000	7,595,000	4,116,000	1.8
12	3,025,000	5,091,000	(A+α5)×800	2,682,000	7,773,000	4,358,000	1.8
13	3,067,000	5,161,000	(A+α5)×800	2,719,000	7,880,000	4,471,000	1.8

1973년 입사 기능공의 연도별 기본급은 회사 제공 자료이고, 도시근로자가구 연도별 월평균경상소득은 국가통계포털(http://kosis.kr)의 '가계동향조사'로부터 구했다.

1) 연간상여금지급률(K)은 회사가 정보를 제공했다.

2) 상여금을 지급하는 기준(α)은 시기에 따라 다음과 같이 변한다.

α1 = 근속수당,

α2 = 근속 + 지역·복지수당,

α3 = 근속 + 지역·복지 + 가족 + 생산장려수당,

α4 = 근속 + 지역·복지 + 가족 + 생산장려수당 + 상여O/T 15시간,

α5 = 근속 + 지역·복지 + 가족 + 생산장려수당 + 상여O/T 20시간.

여기서 '상여O/T시간'이란 연장, 즉 overtime 근무시간에 따른 상여수당 항목이다.

3) 1974~76년의 빈칸은 1973년 입사자의 기본급 자료가 결락돼 있기 때문이다.

4) 월정임금(D) = A×1.683, 월평균 상여금(E) = A×1.33×K/12 (K = 연간상여금지급률).

5) 도시근로자가구 월평균경상소득(L)은 국가통계포털의 '가계동향조사' 중 '도시(명목)가구당 월평균 가계수지(도시, 2인 이상)'에서 취했다. 이 통계는 2009년 국제기준을 채택함에 따라 기준이 개편되었다. 구 분류 통계는 1963~2008년 기간의 것이고, 신 분류 통계는 1990~2014년 기간의 것이다. 1973~1989년의 도시근로자가구 월평균경상소득은 구 분류에서 취하고, 1990~2013년의 그것은 신 분류에서 취했다. 신 분류의 수치가 구 분류의 그것보다 미미하지만 크다. 예를 들면, 1990년도의 경우 구 분류의 경상소득은 887,767원인 반면 신 분류의 그것은 902,634원이다. 신 분류를 취하면 비교의 기준이 다소 높아져 현대중공업의 임금 비중을 상대적으로 낮게 평가하게 된다. 수치에서 백원 단위 이하는 버렸다.

이 기본급 자료는 **부록 4**에 제시되어 있다. 표 4.3은 **부록 4**의 자료를 기초로 이 직원이 받은 같은 기간의 월평균임금을 추정하고 이를 다시 도시근로자가구 월평균경상소득과 비교한 결과다.

표 4.3을 만든 이유는 '기본급' 자료로부터 '월정임금'은 물론이고 여기에 매월 받는 '상여금'을 더해야 실제로 한 달에 수령하는 봉급의 총액, 즉 '월평균임금'을 추정할 수 있기 때문이다. 그러나 기본급은 알지만 그로부터 출발해 월정임금이나 월평균임금을 구성하는 각종 수당이나 상여금 상황을 해당 기간 동안 구체적으로 확인할 수 없었다. 그래서 자료가 있는 1990년을 기준으로 기본급에 대한 월정임금 및 월평균임금의 비율을 각각 구해 자료가 없는 기간에도 이 비율이 지속되는 것으로 간주했다.

이를 보다 구체적으로 설명하면 다음과 같다. 앞의 표 4.2에서 월정임금(D=612,148)은 기본급(A=363,757)의 '1.683'배였다. 또한 월평균상여금(E=241,878)은 기본급(A=363,757)에 상여금 지급 기준에 포함되는 수당(B=119,989=A×0.33)을 더한 금액, 즉 기본급의 '1.33'배에(A×1.33) 연간상여금지급률(K)을 곱한 다음 다시 이를 12개월로 나누어 얻는다. 연간상여금지급률(K)은 현대중공업 인력개발팀이 제공한 자료를 따랐다.[16] 월정임금(D)과 월평균상여금(E)을 더한 값이 월평균임금(F=D+E)이다. 최종적으로는 이를 다시 도시근로자가구 월평균경상소득(L)으로 나눈 비율(M)을 구

---

16 상여금을 지급하는 기준(α)은 시기에 따라 변화한다. 표 4.3의 주 2)번 참조.

해, 현대중공업 기능공의 임금소득이 우리나라 도시근로자의 평균 소득에 비해 얼마나 높은지 혹은 낮은지를 확인하였다.

표 4.3에서 월정임금(D) 및 월평균상여금(E)의 추계는 시기에 따라 기준이 다르다. 1979~88년 자료는 『현대중공업사』(현대중공업 1992: 1197-98)에서 실제 수치를 찾아 반영하였다. 그러나 1989년부터 2013년까지는 상여금의 지급기준이 계속 변하는 이유로 일관성 있는 자료를 확보하기 어려워 앞의 표 4.2에서 확인한 1990년 '기본급과 월정임금의 관계' 즉 '승수 1.683' 및 '기본급과 월평균 상여금의 관계' 즉 '승수 1.33'을 활용하였다.

이렇게 추계하면 실제 받은 액수보다 상대적으로 적은 액수, 즉 보수적인 기준으로 월정임금 및 월평균상여금을 추계하게 된다. 왜냐하면 현대중공업의 성과배분제도에는 우리사주제도는 물론 성과급 및 능률급 제도도 추가로 존재하기 때문이다.[17] 그러나 본 연구에서 임금수입을 살피는 데 있어 이러한 내용을 포함시키지 않았다. 이들까지 포함시키면 1992년 이후의 임금 총액은 그만큼 더 늘어날 것이 분명하다.

또한 중공업 특히 조선업에서는 초과근무에 따른 연장근로수당이 임금총액에서 차지하는 비중이 대단히 큰 특징이 있다(박준

---

17 성과급 제도는 1992년 임금교섭 당시 처음 도입되었다. 산정 기준은 노사협의를 통해 결정되었는데 매출액향상률(전년도 매출액 달성시 100% 기본지급), 공수능률향상률, 제안활동(효과금액의 20%로 환산), 안전(종합재해지수개선율) 등을 더해 통상임금으로 지급했다. 지급률은 매년 4/4분기에 결정하였는데 2004년 및 2005년은 각각 200%, 2006년은 250%를 지급하였다. 이는 각각 대상자 총임금의 6.7%, 6.7%, 8.2%에 해당한다. 한편 2004년부터 도입된 능률급(업적평가) 제도는 우수한 조직에 매월 20만~30만 원의 성과금을 지급하는 제도이다(김동원 외 2008: 263-64).

식 1992: 220). 하나의 예를 들면 1990년 5월 이른바 '골리앗 투쟁' 당시 비상대책위원장이었던 이갑용의 기록이 이를 잘 드러낸다. 1984년 입사자인 이갑용은 당시 초임으로 "시급이 630원에 기본급 15만 원이었는데, 특근을 많이 해서 한 달에 40만 원 넘게 받았다"(이갑용 2009: 34)고 술회하고 있다.

상여금은 당시 300퍼센트 차등지급이었는데, 이갑용은 입사한 지 1년이 차지 않았다는 이유로 100퍼센트만 받았다(이갑용 2009: 116). 그렇다면 이갑용의 1984년 기본급은 월 15만 원이고 여기에 더해 복지수당 2만 원(현대중공업 1992: 714), 가족수당 1만 8천 원 (1198쪽), 월 상여금 1만 2,500원을 받았을 것이므로, 월 40만 원을 넘게 받으려면 변동연장근로수당, 즉 잔업수당을 20만 원 가까이 받아야 했다.

이갑용만 특별한 대우를 받지는 않았을 것이므로, 당시 열심히 일한 생산직 직원들은 모두 기본급에 상당하는 연장근로수당을 받았다고 볼 수 있다.[18] 따라서 상당한 액수의 변동연장근로수당 즉 잔업수당을 충분히 월정임금이나 월평균임금 산출에 반영하지 않았기 때문에 이 연구의 방식으로 임금수준의 대략적인 변화를 추정한 결과는 실제 받은 액수보다 상대적으로 적었음에 틀림없다. 즉, 추계는 보수적이다.

그림 4.1은 이렇게 얻은 자료, 즉 표 4.3의 1973년부터 2013년

---

18 현대중공업의 초창기, 즉 선박 1호선을 건조할 때인 1973~74년에는 하루 16시간 정도 작업했다(현대중공업 1992: 407).

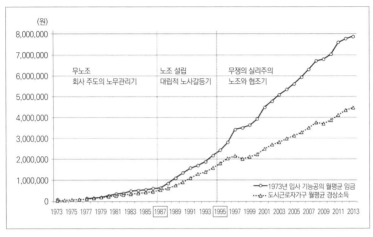

그림 4.1 현대중공업 1973년 입사 기능공의 월평균임금과 도시근로자가구 월평균
경상소득 추이(1973~2013)

까지 현대중공업 기능공의 월평균임금(F) 및 도시근로자가구 월평
균경상소득(L)[19]을 비교하기 쉽게 그래프로 그린 결과다. 이 그림
이 제공하는 정보는 연구사례인 현대중공업 기능공 20인이 중산층
이 되었으면 어느 시기에 되었는지를 판별하고, 기능공의 현재 상
태를 어떻게 성격 규정할 수 있는지를 평가하는 데 기본적인 도움
을 준다.

---

19 통상적으로 '도시근로자가구' 평균소득보다는 '도시가구' 평균소득을 연구에서 많이 사용
한다. 본 논문이 '도시근로자가구'의 월평균소득을 선택한 이유는 두 가지다. 하나는 비교
의 기준을 높여 보다 보수적인 판단을 하기 위해서다. 예컨대 '도시근로자' 가구의 월평균
경상소득이 2005년 313만 원, 2010년 388만 원인 데 비해, '도시가구'의 가구당 월평균소
득은 2005년 약 297만 원, 2010년 367만 원으로 전자가 각각 5.34% 및 5.72% 높다(통계청
2013: 738, 744). 다른 하나는 국가통계포털(http://kosis.kr)의 '가계동향조사' 중 '도시(명
목)가구당 월평균 가계지수(도시, 2인 이상)'에 도시가구의 소득에 관한 자료가 1963~2002
기간 누락되어 있기 때문이다.

기능공의 임금소득 변화는 노사관계의 양태에 따라 제1기 '무노조, 회사 주도의 노무관리기'(1973~1986), 제2기 '노조 설립과 대립적 노사갈등기'(1987~1994), 그리고 제3기 '무쟁의 실리주의 노조와 협조기'(1995~2013)라는 세 시기로 나누어 볼 수 있다(김동원 외 2008: 246-55). 여기에서도 이러한 시기 구분을 따라 기능공에 대한 처우의 변화를 논의한다.[20]

제1기를 분석함에 있어서 우선 주목해야 할 것은 한국의 도시근로자가구의 소득이 1970년대 중반에 들어오면서 중화학공업화의 본격적인 전개와 더불어 급속히 상승하고 있었다는 사실이다.

현대중공업 1973년 입사자의 초임은 시급 237원으로 월 기본급이 5만 6,880원이고 고정·연장수당과 상여금을 더하면 월평균임금이 10만 원에 달하는 수준[21]으로 나타나는 데 비해, 도시근로자가구의 월평균경상소득은 4만 5,850원이어서 전자가 후자의 2배 정도였다. 그런데 1977년에는 그 차이가 1.5배가 채 안 되는 방향으로 좁혀졌다. 이는 현대중공업 기능공의 임금이 한국 사회 전반으로 보아 입사 당시부터 상당한 고임금으로 출발했다는 사실을 보여 준다. 그러나 동시에 이는 1970년대 후반이 되면서 한국 사회 전반의 근로자 소득이 급격히 상승하여 현대중공업 기능공의 임금

---

20 이 장에서는 노사관계에 대해 상세히 다루지 않는다. 이 주제는 이 책의 제5장 및 양재진(2015) 교수의 논문 참조.

21 당시 일반미 중품 40kg 한 가마에 5,500원이었으므로(한국물가정보 2010: 196), 10만 원의 월소득은 쌀 18가마의 가치였다.

을 빠른 속도로 추격해 오고 있었다는 사실 또한 보여 준다.[22]

세계 조선 경기는 1979년 하반기부터 호전됐다. 그러나 현대중공업은 창립 10년이 되는 1983년 선박 수주와 건조량 세계 1위에 올라서면서 '미니 붐'을 맞이했을 뿐 1980년대 내내 석유파동과 세계 선복량(선박의 적재능력) 과다 때문에 불황을 겪었다. 특히 1985년은 최악의 해였다. 따라서 현대중공업의 임금도 상대적으로 정체 상태여서 1987년에는 1973년 입사자가 도시근로자가구에 대하여 1.2배 정도의 우위를 지키고 있을 뿐이었다. 그럼에도 불구하고 앞서 언급됐던 1984년 입사자 이갑용의 초임은 40만 원 이상으로 도시근로자가구 월평균경상소득인 38만 6천 원을 상회하고 있다. 이는 성장하고 있던 당시 한국경제에서 현대중공업 기능공은 입사 때부터 적어도 임금소득 면에서는 중산층 급으로 출발하고 있었음을 의미한다.

그런데 1987년에 불어닥친 민주화 붐을 타고 현대중공업에도 노동조합이 설립되면서 그때까지 나타나던 양자 사이의 임금 수렴 경향은 바뀌기 시작하였다. 1987년 대규모 노사분규 이후 임금이 매년 20퍼센트 이상 인상되어 조선 선진국과 비교할 때 1980년대 중반까지 누리던 상대적 저임금에 의한 가격경쟁력을 더 이상 기대할 수 없게 되었다.[23] 국내외의 경쟁이 심화되자, 회사는 창의적인 원

---

22 도시근로자가구 월평균경상소득은 1975~80년 동안 연평균 28% 상승하는 폭등세를 나타냈다. 한편 현대중공업 1973년 입사 기능공의 임금도 입사 이후 연평균 11.5% 수준으로 상승하다가 1978~80년 사이의 3년간에는 평균 23.5%로 고속상승하고 있었다.

23 한국과 조선업 선진국인 일본의 조선업 근로자의 월급여 수준을 비교해 보면 1982년 1 대

가절감 설계와 공정 혁신으로 위기를 극복하는 노력을 가속화했다 (현대중공업 1992: 544-60).

조선산업은 전형적인 글로벌 산업으로, 이미 19세기 후반부터 단일한 세계시장을 놓고 국가 간 치열한 경쟁이 벌어지고 있었다. 그러나 일본은 1980년대 석유파동으로 세계 조선시장이 침체되었을 때 설비투자를 감축하고 설계인력을 줄이는 자충수를 두어 경쟁력에 상당한 손실을 입었다. 이에 반해 현대중공업은 시장을 낙관적으로 전망하고 시장 수요가 악화된 상황에서 적극적인 투자를 했을 뿐만 아니라, 해외로부터의 기술도입과 자체 기술개발을 균형 있게 추구하여 기술역량을 쌓아 갔다. 현대중공업은 선주의 요구에 유연하게 대응하는 설계능력에서 일본을 제쳤을 뿐만 아니라 건조능력 역시 일본과 대등한 수준으로 인정받아 1999년부터 일본을 제치고 세계 1위로 올라섰다(김형균 외 2008).

제2기인 노조 설립과 대립적 노사갈등기(1987~1994) 중 1973년 입사 기능공은 4년(1988~1991년) 동안에 총임금이 2배 이상 올랐다. 상여금에는 매년 지급적용기준인 기본급에 각종 수당들이 더해졌고, 지급률도 1990년에는 600퍼센트 그리고 1994년에는 700퍼센트로 올랐다. 성과금[24] 또한 1992년부터 도입됐는데 1995년

3.1, 1983년 1 대 3.2, 1984년 1 대 3.3, 1985년 1 대 3.3, 1986년 1 대 4.4, 1987년 1 대 4.4, 1988년 1 대 3.6, 1989년 1 대 2.8로, 1987년을 정점으로 이후 격차가 좁혀지고 있었다(현대중공업 1992: 732).

24 상여금은 기본급의 보조 기능으로 한국과 일본 등에서 시행되는 독특한 제도이다. 반면에 성과금이란 생산성 향상을 목적으로 매출과 이익에 연동하여 지급되는 보수이다(김동원 외

경우 통상임금의 210퍼센트가 지급되었다. 같은 해 격려금은 통상임금의 100퍼센트, 그리고 하기휴가비 25만 원과 귀향비 34만 원이 일괄지급되었다(회사 제공 자료).

현대중공업은 1994년 4천만 톤을 인도함으로써 최단기간 최고의 건조실적을 이룩했음에도 불구하고 대립적 노사갈등으로 1995년에는 근로자의 임금상승이 정체되는 등 전반적인 위기에 봉착하였다. 노사 양측의 위기의식은 1995년 노사 간의 의식 변화를 일으켜 일상화된 쟁의를 종식시키는 타협을 이끌어냈다. 이렇게 제3기 무쟁의 실리주의 노조와 협조기로 들어가면서 **그림 4.1**에서 볼 수 있듯이 현대중공업 1973년 입사자의 임금은 1996년 26퍼센트, 1997년 21퍼센트 급상승하여 도시근로자가구의 평균경상소득과 격차를 급격히 벌리게 됐다.

1997~98년 IMF위기 당시 도시근로자가구의 경상소득이 7퍼센트 하락할 때에도 현대중공업 기능공은 임금이 5.3퍼센트 상승하는 모습을 보인다. 당시 상황을 묻는 심층면접 질문에 20명 모두 '실업의 위협을 전혀 느끼지 못했다'고 답하고 있다.[25] '금모으기운동에 동참하면서 나라 걱정은 했지만 개인적으로 위기감은 전혀 느끼지 못했다', 혹은 '나라 전체가 부도라는데 우리 회사는 아무 일 없어

2008: 264). 따라서 현대중공업의 경우 상여금은 지급률이 하락한 경우가 없었지만 성과금은 예를 들면 2010년에 통상임금의 451%였고 2014년에는 117%였을 정도로 매년 등락하는 변동이 있다(회사 제공 자료).

25 IMF사태 때 현재중공업은 고용보장을 선언하고 인위적 구조조정을 하지 않았다(김동원 외 2008: 261).

서 정말 고마움을 느꼈다'는 응답과 같은 반응이 주를 이루었다. 심지어는 IMF의 고금리정책으로 '금융이자소득이 컸다'는 답변도 있었다. IMF위기에도 불구하고 구조조정의 무풍지대로 고용안정을 누리던 현재중공업 기능공이 도시근로자가구 평균경상소득의 2배 가까운 임금을 받으며 격차를 굳게 벌린 때는 1998년을 거쳐 2000년대로 들어오면서 협조적 노사관계가 정착된 때이다.

한편 상여금 지급률은 1995부터 2011년까지 내내 700퍼센트였지만 지급적용기준에 포함되는 수당들이 추가되었다. 예컨대 2002년에는 상여O/T 15시간이 지급기준에 추가되었다. 또 같은 기간에 성과금은 보통 통상임금의 200퍼센트였는데, 2007년부터 2011년 사이에는 통상임금의 345~451퍼센트까지 지급되기도 했다. 격려금도 1995년 통상임금의 100퍼센트로부터 계속 인상되어 2011년에는 '사상 최초 매출 25조 원 달성 기념'으로 '통상임금 300퍼센트+300만 원'에다가 특별격려금 100만 원이 지급되기도 하였다. 하기휴가비도 2008년에 통상임금의 50퍼센트, 귀향비도 100만 원이 되었다(회사 제공 자료). 마침내 2002년 현대중공업은 '아시아 최고의 직장'에 선정되었다.

현대중공업 인력개발팀의 협조로 1973년 입사하여 2015년 현재까지 근무하고 있는 기능공 출신 생산직 직원 한 사람의 연도별 시계열 '기본급' 자료로부터 추정한 현대중공업 기능공의 월평균임금을 도시근로자가구 월평균경상소득과 비교한 결과는 다음과 같은 몇 가지 특징으로 요약된다.

우선, 입사 초기부터 현대중공업 기능공은 도시근로자가구의 평균소득을 상회하는 보수를 받았다.

다음, 1987년 노동자대투쟁이 벌어지면서부터 그 차이가 조금씩 커졌음도 확인할 수 있다.

마지막으로, 노조가 회사와 쟁의를 하지 않고 협조적 관계를 구축하기 시작한 1995년부터 2013년까지 그 차이는 두 배에 달할 정도로 넓어지며 기능공의 소득이 가파르게 상승했다는 사실이다.

지금까지 살펴본 바와 같이 현대중공업 기능공들은 입사 초임부터 임금소득 면에서 중산층 혹은 그 이상의 범주에 속해 있었다. 민주화 시기 격렬한 노동쟁의로 급속한 임금상승과 복지 신설을 시현했으나 대립적 노사갈등으로 정체를 겪다가, 노사협조를 이루어 냄으로써 한국 최고의 임금소득과 복지수준에 도달하였다. 이에 따라 1980년대 후반 이후에 입사하게 된 현대중공업 기능공 2세대는 더욱 향상된 임금과 복지 조건에서 출발하게 됐음은 두말할 필요도 없다.

종합적으로 보아 노동자에 대한 처우는 처음부터 끝까지 '착취'라는 말을 전혀 끄집어낼 여지가 없다. 이 논문이 사례로 분석한 현대중공업 기능공의 임금상승 상황은 박정희가, 혹은 대한민국이 노동자를 '착취'하는 모습을 보였다고 절대 말할 수 없게 하기 때문이다. 박정희는 1970년대 중·하층 출신의 젊은이들이 숙련을 가질 수 있도록 기술·기능교육을 제공했고 또한 일자리를 제공해, 결국에는 이들을 중산층으로 편입시키는 발판을 마련했다.

나아가서, 이와 같은 상황은 결코 현대중공업이라는 특정한 회사에 소속된 특정한 기능공에게만 벌어진 일이 아니었다. 당시 새로 시작한 중화학공업 분야의 공장에 취직한 모든 기능공들이 공유한 경험이다. 이들은 바로 이러한 과정을 겪으며 40년이 지난 지금 엄청난 임금과 복지를 누리며 해외여행을 즐기는 중산층으로 성장할 수 있었다. 이와 같은 계층의 상승이동을 경험한 노동자들의 규모가 박정희 대통령 재임기로만 국한해서 따져도 최소 100만 명 이상에 달한다. 4인 가족 기준 도합 400만 명 이상의 중산층이 이 분야에서만 만들어진 셈이다. 그런데, 박정희가 노동자를 착취했다고?

기능공의 현재 소속계층

마침내 이제는 분석 대상인 기능공 20명이 현재 정말 중산층이 되었는지, 그리고 됐다면 언제 그리고 어떤 수준의 중산층이 됐는지를 판단할 차례가 되었다.

우선, 오늘날의 계층구조를 40년 전의 계층구조와 직접적으로 비교할 방법은 없다. 왜냐하면 경제적 소득은 물론이고 여러 가지 조건이 전반적으로 상승했기 때문이다. 절대적인 기준에서 삶의 조건을 비교하면 국민 누구나가 엄청난 상승이동을 하였다. 그러므로 여기에서는 오늘날의 중산층, 그중에서도 핵심적인 중산층, 즉 계층구조에서 '중중'층의 하한을 구체적으로 설정할 필요가 있다.

이를 위해 우선 한국 사회의 각 계층이 어떻게 중산층을 판단하는지, 즉 '중산층의 정체성'의 윤곽을 참고해 볼 필요가 있다. 자신의 계층소속감과는 무관하게 상층, 중산층, 하층 대부분이 모두 '안정된 소득과 경제적 여유'를 중산층의 가장 중요한 조건으로 꼽았다(함인희 외 2001; 유팔무 외 2005; 한국사회학회 2008; 강원택 외 2014). 그러므로 한국 사회의 중산층 정체성은 일차적으로는 경제적 조건에 터하고 있음을 보여 준다. 소득수준 다음으로는 '직업과 지위', '소비수준', '건전한 가치관' 등의 순으로 중산층을 판별하고 있는 것으로 나타났다(함인희 외 2001). 그러므로 이 장도 소득과 재산을 중심으로 하는 경제적 조건을 중심으로 하고 이에 추가적인 기준을 한두 가지 적용해 현대중공업 기능공들의 소속계층을 판별하고자 한다. 최종적으로 다음과 같은 기준이 사용되었다.

첫째, 중산층의 하한 소득기준을 도시근로자가구 월평균경상소득의 90퍼센트로 삼고자 한다. 이 기준은 농촌가구 평균소득과 비교하면 당연히 높은 기준이다.[26] 그렇다면 도시근로자가구 평균경상소득의 90퍼센트를 도시와 농촌을 불문한 전체 가구의 한가운데, 즉 핵심 중산층의 하한으로 삼는 기준은 큰 무리가 없다(기준 1).

둘째, 자산 기준은 국민주택 규모(주거전용면적 25.7평) 이상의 아파트 소유 혹은 그에 상당하는 단독주택을 소유하면 핵심 중산층의

---

26 앞의 각주 19)에서 밝혔듯, 이 연구에서는 '도시가구 월평균소득' 대신 이보다 5~7% 높은 (통계청 2015a: 736, 742) '도시근로자가구 월평균경상소득'을 비교 대상으로 선택한다.

표 4.4 현대중공업 1973~1983년 입사 기능공들의 계층 판별기준 및 결과

	분류 (나이)	현재 임금 (만원)	최초 자가 (연도) 현재 자가 (가격)	자동차 최초 (연도) 현재 (연도)	자녀 교육수준	현 주관적 소속계층	중산층 판별
		기준 1	기준 2	기준 3	기준 4	기준 5	(5점 만점)
1	사직1 (60)	7,600	25평A*(92) 25평A	엘란트라(93) 중형차	1남 1녀 대학원	중중	핵심(5)
2	사직2 (60)	9,000	20평A*(92) 단독 40평	소형차(00) 소렌토(05)	1남 2녀 전문대, 대졸	중상	핵심(5)
3	사직3 (60)	9,000	단독(93) 단독(4억 5천만)	엑셀(98) 그랜저	3남매 대졸	중중	핵심(5)
4	사직4 (59)	7,800	24평A*(93) 단독	엘란트라(94) 그랜저	2명 대졸	중중	핵심(5)
5	사직5 (59)	9,000	단독(2억 5천만)	테라칸(03)	1남 1녀 대졸	중하	핵심(4)
6	사직6 (58)	8,000	24평A*(90) 상동	그랜저	3녀 대졸	중하	핵심(4)
7	사직7 (57)	8,000	33평A*(95) 상동	아반떼(93) 소나타(10)	2남 대졸, 대재	중중	핵심(5)
8	공직1 (58)	9,000	15평A*(83) 33평A*(2억 8천만)	소형차(86) 그랜저	2녀 대졸	중하	핵심(4)
9	공직2 (55)	9,600	15평A*(84) 31평A*	EF소나타 (99)	2남 대졸	중중	핵심(5)

하한으로 설정하고자 한다(기준 2).

　셋째, 자동차 소유 여부 및 소유한 자동차의 모델도 중산층의 기준으로 삼기로 한다(기준 3). 오늘날 전국의 거의 모든 가구가 자동차를 소유하고 있어 이 기준으로 중산층 여부를 가리는 일은 큰 의미가 없다. 그러나 1980~90년대를 거치면서 당시는 '마이카' 구호

10	공직3 (53)	8,900	32평A(00) 상동	소형차(89) 그랜저	1남 1녀 대재	중중	핵심(5)
11	공직4 (56)	8,500	17평A*(85) 단독(4억, 12년)	엘란트라(94) 테라칸	1남 1녀 대졸	중중	핵심(5)
12	공고1 (58)	9,000	25평A*(90) 상동	엘란트라(87) 그랜저	2남 대졸	중중	핵심(5)
13	공고2 (58)	9,000	24평A*(92) 상동	그랜저	자녀 무	중중	핵심(5)
14	공고3 (55)	9,000	29평A(80) 상동	소형차(91) 그랜저	1남 대졸	중중	핵심(5)
15	공고4 (55)	7,000	28평A*(92) 상동	아반떼 아반떼	2남 대학원, 대졸	중중	핵심(5)
16	공고5 (58)	7,000	주택 40평 42평A	포터(94) 리갈	2남 대졸	중중	핵심(5)
17	현공1 (54)	8,000	단독(00) 단독(1억)	무쏘 무쏘	2명 대재, 중2	중중	핵심(5)
18	현공2 (55)	8,700	18평A(90) 43평A(3억 5천만)	엘란트라 (98)	1남 2녀 대졸, 대재	중중	핵심(5)
19	현공3 (50)	8,300	33평A*(96) 32평A(4억, 09년)	소형차(95) 중형차	2남 대재	중중	핵심(5)
20	현공4 (48)	6,400	32평A 2억(07) 상동	중형차(09)	2남 고교생	중하	핵심(4)

현대중공업 기능공 심층면접
'사직'은 사업내직업훈련원, '공직'은 공공직업훈련원, '공고'는 일반 공고, '현공'은 현대공업고등학교
* 현대중공업에서 개발해 저가에 공급한 주택

가 중산층으로 진입하는 하나의 상징이었기 때문에 연구 대상 기
능공들이 언제 최초의 자동차를 소유하게 되었는가를 확인하는 작
업은 중산층으로의 진입 시기를 알아보는 의미 있는 기준이 될 수
있다.

넷째, 연구 대상의 교육수준은 이미 입사 당시에 결정되어 있으

므로,[27] 여기에서는 대신 자녀의 교육에 대한 기대수준을 중산층 판별기준으로 삼고자 한다(기준 4).

마지막 다섯째, 스스로 어떤 계층에 속하고 있는지를 밝힌 '주관적 소속계층' 지표도 활용하고자 한다(기준 5).

이상과 같은 객관적 기준 4가지와 주관적 기준 1가지를 활용하여, 응답자가 이 가운데 4가지를 충족하면 '핵심적 중산층', 3개를 충족하면 '주변적 중산층', 2개 이하를 충족하면 '비중산층'으로 판별하고자 한다(홍두승 2005). **표 4.4**는 현대중공업 기능공 사례 20인의 심층면접 결과를 앞에서 제시한 중산층 판별기준에 따라 정리한 것이다. 분류에 사용된 5가지 기준에 따라 항목별로 사례들을 분석하여 기능공들의 중산층 진입 여부를 검토해 보기로 한다.

첫째 기준은 응답자들의 소득이 '도시근로자가구 월평균경상소득 90퍼센트 이상'이라는 기준을 통과하느냐 여부이다. 그러나 이 문제는 앞에서 상세히 분석했듯이, 현대중공업 기능공들은 입사 직후 초임부터 도시근로자가구 월평균경상소득을 상회했으며 2000년대에 들어오면서부터는 거의 2배에 가까운 모습을 보이고 있어, 응답자 누구도 이 기준을 통과하는 데는 전혀 문제가 없어 보인다. 2014년 현재 응답자들의 소득은 대략 평균 8천만 원 수준이다. 그리고 이 중 8인(40%)은 9천만 원 이상이라고 답하고 있

---

27 그러나 일부 응답자는 앞에서 밝혔듯이 입사 후 기회가 닿을 때마다 학력을 높여 중졸은 고졸로, 고졸은 전문대에 해당하는 현대중공업기술대학 등을 마친 경우가 많다.

다.[28]

여기에 더해 대학 재학 중인 자녀를 가진 응답자는 1자녀당 연 1천만 원 정도의 학비지원금이 사실상 추가되었을 것이다. 또한 극히 최근, 즉 2014년부터는 회사가 적자였기 때문에 가능성이 희박하지만 그 전 대부분의 기간에는 성과금이나 격려금 등도 추가로 받았을 것이다. 그러므로 실제는 응답에서 드러난 액수보다 최소한 1천만 원은 더 많이 받았다고 보아야 한다.[29]

따라서 응답자들은 근로소득만으로 소득에 대한 중산층 기준의 하한선을 훨씬 상회하고 있음을 알 수 있다. 참고로 표 4.5가 제시하고 있는 2014년 도시근로자가구의 소득 10분위별 가구당 연평균소득과 비교한 결과는,[30] 이들이 이미 도시근로자가구 소득의 9

표 4.5 도시근로자가구의 소득 10분위별 가구당 연평균소득(2014년)

	전체	I분위	II	III	IV	V	VI	VII	VIII	IX	X
가구분포(%)	100.0	10.0	10.0	10.0	9.7	10.0	10.0	10.0	10.0	10.0	10.0
연소득(만원)	5,680	1,839	2,911	3,583	4,233	4,839	5,462	6,184	7,116	8,440	12,171

http://kosis.kr 〉 국내통계 〉 주제별통계 〉 물가·가계 〉 소득10분위별 가구당 가계수지(도시, 2인 이상)

28 2014년 소득에 대한 이러한 응답은 1년 전 소득, 즉 표 4.3의 2013년 소득 추계액 월 788만 원과 비교하여 다소 낮은 결과이다. 2013년 월소득을 연소득으로 환산하면 9,500만 원가량이기 때문이다. 그러나 이러한 조사에서 응답자는 대부분 소득을 조금씩 낮추어 응답하는 경향이 있다는 사실을 고려하면 큰 문제가 될 수 없다.

29 본 연구에서 사용된 시계열 기본급 자료의 주인공인 1973년 입사 기능공은 현재 기정(부장급)인데, 임금이 피크였던 2013년에 기정대우(1급을)로 연봉 9,500만 원 수준의 임금을 받았다. 여기에 성과금(통상임금의 213%), 격려금(통상임금의 200%＋300만 원), 하기휴가비(통상임금의 50%) 및 명절 귀향비(100만 원) 등 2,000만 원에 가까운 수입을 더하면 현금성 총 연봉은 1억 1,500만 원이 넘는다.

30 http://kosis.kr〉국내통계〉주제별통계〉물가·가계〉가구당 월평균 분위경계값 및 적자가구 비율.

분위(하한경계 7,695만 원)에 확실하게 포함되어 있으며 이들 중 절반인 10명은 10분위(하한경계 9,346만 원)에도 들어가 있음을 알 수 있다. 이는 분명 중산층을 넘어 상층에 진입한 모습이다.

둘째 기준은 자산규모로, 25.7평 아파트, 즉 국민주택 규모 이상의 아파트 혹은 그에 싱응하는 재산을 소유하고 있느냐 하는 재산규모의 문제를 검토하는 일이다. 응답자 20명 중 12명, 즉 60퍼센트가 회사에서 개발해 저가로 분양한 아파트가 생애 첫 번째 소유 아파트였다고 답했다. 이는 실제로 1983년부터 1996년까지 진행됐던 일이다.[31] 1975년 입사한 한 응답자는 결혼 전인 1983년 26세 때 회사가 분양한 15평 아파트에 거주하다가 1995년 역시 회사가 소유한 사택 부지를 재개발해 분양한 33평 아파트로 옮겼다고 진술하고 있다. 이 경우 주택자산 기준의 핵심중산층 요건을 1995년에 충족시킨 셈이다. 표 4.4에 정리된 '기준 2'의 항목이 보여 주듯이 1973~83년 입사자들인 응답자들은 모두 25평대 아파트 혹은 그 이상에 상당하는 주택을 현재 소유하고 있다. 울산의 아파트 혹은 부동산 가격이 전국적으로 보아 상대적으로 높다는 사실을 고려하면 이들은 모두 현재 중산층에 속하기에 충분한 재산을 가진 상황이라고 판단할 수 있다.

---

31 현대그룹 정주영 회장은 사원들의 주거안정을 위해 1973년부터 1978년까지 임대아파트 3,934세대를 지어 사원들에게 공급했다. 1978년부터는 분양 방식을 채택해 1991년까지 6,478세대를 실비로 공급했다. 1990년부터 무주택 사원을 없앤다는 목표를 세우고 기존 노후 아파트 재개발사업에 착수하여 1993년까지 총 6,343세대의 대단위 고층아파트가 시가보다 저렴한 가격으로 공급됐다(현대중공업 1992: 1173-77).

셋째 기준인 자동차 소유 문제를 살펴보기로 한다. 응답자들은 소득의 수준으로 보면 더 일찍 자가용 수요층이 될 수 있었지만, 회사가 가까워 자전거나 오토바이로 통근을 하는 것이 편했다고 진술한 경우가 많다. 응답자들은 1980년대 후반부터 자동차를 소유하기 시작해서 1990년대 중·후반이 되면 거의 대부분이 소형차를 소유하게 되었다고 말하고 있다. 1990년대 말부터는 중형차로 바꾸었고 2000년대에 들어와서는 중대형차인 그랜저를 8인(40%)이 소유하고 있다. 응답자의 65퍼센트가 직급체계에서 과장급 이상의 간부들이니 어쩌면 당연한 결과다. 종합적으로 보아 이들은 모두 1990년대에 '마이카 시대'를 실현하였고, 이로써 이때부터 핵심중산층의 기준을 또 하나 통과했다.

넷째 기준인 자녀의 교육수준에 있어서는 2년제대학 졸업 이상을 중산층의 기준으로 삼았다. 앞에서도 언급했지만 연구사례 기능공들은 전문대졸 1명을 포함하여 해당 학령에 이른 자녀들을 전부 대학에 진학시켰다. 현재 중·고교 재학 중인 자녀를 둔 경우도 있지만 이들의 기대학력이 대학 졸업을 상회할 것임은 의심의 여지가 없다. 특히 회사에서 자녀들의 대학 등록금을 지원하는 후생복지 프로그램이 있기 때문에 더더욱 그렇다. 따라서 이 기준에서도 응답자들은 모두 하한 기준을 통과하고 있음을 알 수 있다.[32]

---

32 한편 응답자 자녀의 교육수준이 아니라 응답자 본인의 교육수준과 관련해서 매우 흥미로운 조사결과가 드러났다. 이 문제는 앞서 살펴본 입사 당시의 학력이 지금까지의 직장생활에 어떤 영향을 미쳤는가를 간접적으로 드러내준다. 상대적으로 교육수준이 낮은 경우와 관련된 문제다. 예컨대 '공직1'은 중학교를 졸업하고 정수직업훈련원에 들어가 기능사 2급 자격

마지막으로 다섯째, 주관적인 판단에 따라 응답자들이 밝힌 현재의 소속계층을 알아보자. '우리 사회의 계층을 "상, 중의 상, 중의 중, 중의 하, 하"의 5등급으로 구분'할 때 자신이 '중상'에 속한다는 답이 1명(5%), '중중'에 속한다는 답이 15명(75%), '중하'에 속한다는 답이 4명(20%)이었다. 그리고 대다수가 2000년 전후를 자신이 중산층이 진입한 해로 꼽았다. 결국 모두가 중산층에 속한다고 답한 셈이다. 하지만 스스로 생각하기에 핵심중산층보다 아래 계층 즉 '중하'로 생각하는 경우도 4명 있었다.[33] 그러나 이들은 핵심중산층에 속하는 기준 자체를 높게 잡고 있는 경향이 있다. 예컨대 '공직1'은 중산층의 기준이 재산 5억은 되어야 한다고 진술하였기 때문이다.

이제 분석의 결과를 종합해 보자. 1973년부터 1983년까지 입사한 기능공 응답자 20명은 모두 '핵심적' 중산층의 기준을 통과했

을 취득하고 수료했지만 고등학교 졸업장이 없어서 공식 학력이 중졸이다. 하지만 그는 현재 직급이 기정(부장급)으로 생산직 최고의 직급에 올라 있다. 또한 '사직7'과 '공직4'는 중졸 학력으로 각각 현대중공업훈련원과 공공직업훈련원을 거쳐 입사한 후 현대공고 야간부를 다님으로써 정식 고등학교 졸업장을 취득했다. 특히 '공직4'는 기원(대리급)과 기장(과장급)이 입학 자격인 현대중공업기술대학까지 마친 대졸 자격자가 되어 현재 기감(차장급)으로 승진해 있다. 중졸이라는 입사 당시의 공식 학력이 전혀 문제가 되지 않았음을 이들 경우가 잘 보여 준다.

33 계층귀속의식에 관한 조사에서 한국 사람들은 스스로를 '중산층'이라고 보는 경향이 강하다. 즉, 사실은 상층 혹은 하층이면서도 중산층이라고 답하는 경우가 많다. 그것은 사람들이 통상 사회의 계층구조 속에 자신을 중간에 위치시키는 경향을 가지고 있기 때문이다. 또한 여기에 더해 스스로 속한 계층을 상대적으로 낮게 답하는 경향도 발견된다. 그것은 답변자의 준거집단이 높이 설정돼 있거나 자신을 낮추는 응대를 하는 습속이 있기 때문이다(신광영 2004: 247).

다. 왜냐하면 모든 응답자가 앞서 설정한 기준 5가지 가운데 최소 4가지를 충족하고 있기 때문이다. 5가지 기준을 모두 통과한 응답자는 16명으로 전체의 80퍼센트이다. 반면에 4가지만 통과한 응답자는 4명, 즉 전체의 20퍼센트이다. 그러나 이들도 스스로 설정한, 즉 주관적인 중산층의 기준이 높을 뿐, 객관적인 중산층의 기준, 특히 소득이나 재산의 차원에서는 모두 최소한의 기준을 훨씬 상회하고 있다.

간단히 말해 1973년부터 1983년 사이에 입사한 조사대상 기능공 20명은 모두 현재 핵심중산층을 구성하고 있다고 보기에 전혀 문제가 없다. 나아가서 어찌 보면 이들의 상황은 핵심중산층보다는 상대적으로 상위의 계층인 '중상' 혹은 '상'에 속하는 계층일지도 모른다. 앞서 분석한 이들의 소득수준이 이런 해석을 뒷받침한다.

마지막 분석이 필요하다. 다름 아닌 이들을 상대로 입사 당시의 소속계층과 오늘의 소속계층을 교차시키는 작업이다. 이와 같은 '세대내' 계층이동의 결과는 표 4.6에 제시되어 있다. 1973~83년 입사할 당시 이들의 소속계층은 중상 1명, 중중 4명, 중하 9명, 그리고 하 6명이었다. 현재는 20명 모두가 '중중' 계층 소속이다. 입사 당시의 핵심중산층을 '중중' 계층이라고 치면, 당시 이들 가운데 75퍼센트, 즉 15명은 그 아래 계층 즉 '중하'와 '하'에 소속되어 있었다. 그러나 이들은 모두 약 40년이 지난 오늘날 핵심중산층인 '중중' 계층에 소속되어 있다. 응답자의 75퍼센트가 세대내 계층의 상승이동을 경험한 셈이다.

표 4.6에는 '중상'에서 '중중'으로 소속계층이 하강한 경우가 한 사람 등장한다. 그러나 이 표는 현재 소속계층의 기준을 정하면서 핵심중산층, 즉 '중중'의 하한이 무엇인가에 초점을 맞추었기 때문에 핵심중간층의 상한, 즉 '중중'과 '중상' 계층의 경계, 나아가서 '중상'과 '상'의 경계를 세밀하게 구분하지 않았다. 그러므로 현재 분류된 '중중'에는 사실상 '중상' 혹은 '상'에 소속한 경우가 꽤 있을 수 있다. 거듭 지적하지만 앞서 분석한 월평균임금의 지난 40년간 추이를 오늘날의 10분위별 소득구간에 관한 정보와 교차하면 이러한 추론이 얼마든지 가능하다. 그러므로 실제로는 이 표에 등장하는 한 사람의 계층하강 경우보다 훨씬 많은 경우의 계층 상승 이동이 존재하고 있을 가능성이 높다.

표 4.6 현대중공업 1973~83년 입사 기능공의 세대내 계층이동(N=20) 단위: 명

			2015년 현재 소속계층				
			하	중			상	합계(%)
				중하	중중	중상		
입사 당시 (1973~83) 소속계층		상						
	중	중상			1			1 (5)
		중중			4			4 (20)
		중하			9			9 (45)
	하				6			6 (30)
	합계				20			20(100)

3. 중산층 사회의 등장과 오늘날의 문제

지금까지 현대중공업 기능공들이 중산층에 진입하는 과정을 입사 시기, 즉 1973~83년부터 2015년 현재에 이르기까지 추적하였다.

이 글이 비교의 기준으로 삼기 위해 채택한 중산층의 기준은 통계청과 OECD에서 사용하는 가구 중위소득의 50~150퍼센트 범위—통계청에서는 그중에서 가구 중위소득의 75~125퍼센트를 핵심중산층이라고 한다—보다 훨씬 높은 기준으로 설정하였다. 소득기준으로만 본다면 현대중공업의 기능공들은 입사 때부터 핵심중산층에 해당한다. 그리고 경제사회적인 조건은 물론 주관적인 의식 등 다양한 기준을 종합하여 판별하면 초창기 입사 기능공들은 중하층 혹은 하층 출신으로 입사하여 대략 입사 10년 안에 '주변적 중산층'에 진입하고, 20년 내에는 '핵심적 중산층'이 되었으며, 현재는 중산층을 넘어 '중상층'에 육박하고 있음을 알 수 있다.

박정희 대통령은 1973년 '중화학공업화 선언'을 함과 동시에 기능공을 대대적으로 양성하면서 실력 있는 기능인에게는 여러 특전의 길을 열어 산업발전과 더불어 중산층 형성을 촉진하고자 하였다(김정렴 2006: 408). 또한 박정희는 인문계 중·고교를 평준화하여 도시 중산층의 재생산 기제를 허무는 대신, 인구의 다수가 속해 있는 농촌의 학생들을 대상으로 기술·기능계 공업교육을 정예화하고 대대적으로 육성함으로써 평등지향적 사회구조를 만들어 내고자

했다(류석춘·김형아 2011: 126-27). 다시 말해 한국의 박정희 발전국
가는 '중산층 사회'에 대한 명확한 목표를 가지고 중화학공업화를
국가전략으로 추진하였다.

거시적으로 볼 때 '중산층'이나 '중산층 사회'란 단순히 임의적
으로 구분된 계층 개념을 넘어선다. 그것은 '민중의식'이나 '노동
자계급의식' 등과 같이 국민 내부를 갈라서 대립적으로 파악하는
개념이 아니다. '중산층'이라는 개념은 국민의식 내지 공민의식을
공유하는 토대 위에서 안정된 삶의 기반을 성취를 통해 확보한 상
태를 핵심으로 한다. 그렇기 때문에 국가는 중산층을 최대한 확대
시켜 안정과 발전의 주체로 삼고, 뒤처진 국민들을 중산층이 부담
하는 세금으로 도와서 따라오게 하는 복지를 시행해야 한다. 그러
므로 '중산층 사회'는 건강한 국가를 담아 내는 핵심 조건이다.

한국에서 중산층 사회가 등장하는 과정에는 국가와 기업과 기능
공 간에 상호 배태된 관계가 작동하고 있었다(유광호 2014). 국가는
기업에게 국제경쟁에 필요한 정책지원과 기능공이라는 숙련인력
을 제공하였고, 기능공에게는 숙련을 형성시키는 교육과 병역특례
라는 혜택을 주었다. 기업은 세계시장으로의 수출을 통해 국가에
세금을 내면서 국가의 위상을 끌어올렸고, 기능공에게는 일자리와
고임금을 통해 계층의 상승이동 통로를 제공하였다. 기능공은 국
가에 '산업전사'로서의 헌신과 국민으로서의 애국심을 제공하였
고, 기업에게는 생산성 향상과 노사협조를 제공하였다. 세 주체 간
의 '일반화된 호혜성'이야말로 이들이 중산층 사회를 건설하는 기

본적인 동력이었다(류석춘·왕혜숙 2008; Lew 2013).

그러나 이러한 성취에도 불구하고 오늘날의 현실은 심각한 문제를 내장하고 있다. 다름 아닌 기업의 고용구조 문제다.

표 4.7은 2014년 말 현재 현대중공업에서 정규직으로 근무하는 생산직 직원의 고용구조를 연령대 및 직급에 따라 정리한 결과다. 현대중공업 생산직 직원은 2014년 12월 말 현재 총 1만 5,270명이고, 이들의 평균연령은 만 48세. 연령을 구분하는 기준을 5년 단위로 하여 60세, 즉 정년까지의 연령대별 직원 분포를 보면 고령자 편중이 심각함을 알 수 있다.

특히 56~60 구간이 가장 많은 27.6퍼센트(4,211명), 그리고 50~55 구간이 그다음으로 많은 21.4퍼센트(3,265명)를 각각 차지하고 있다. 그다음 구간부터는 비교적 고른 분포, 즉 각각의 연령대별로 10퍼센트 내외의 분포를 보인다. 그러나 상대적으로 젊은 26~30 구간으로 오면 4.3퍼센트(662명)로 그 비중이 급격히 떨어지고, 그다음 연령대인 20~25 구간으로 오면 급기야 그 비중이 0.9퍼센트(133명)에 불과하다. 18~25로 연령구간을 늘려 보아도 그 집단이 차지하는 비중은 전체 생산직 직원의 2.0퍼센트에 불과할 뿐이다.

생산직에서 50세 이상 연령의 직원이 전체 직원의 49.2퍼센트, 즉 거의 절반을 차지하고 있는 셈이다. 이들은 당연히 직급도 높다. 기원(대리) 이상의 고위 직급은 대부분 이들이 차지하고 있다. 근속기간이 길고 또 직급이 높으면 소득도 따라서 올라간다. 사실

본 연구가 분석한 1973~83년 입사한 기능공 20명도 단 한 사람(현공4)을 제외하곤 모두 이 50대 생산직 직원에 포함된다. 따라서 앞서 분석하였듯이 1970~80년대 대거 입사한 이들은 지금 대부분 핵심중산층 혹은 그 이상의 생활수준을 누리며 직장생활을 즐기고 있다. 반면에 만 30세 이하 연령의 생산직 직원은 전체 생산직 직

표 4.7 현대중공업 생산직 직원의 연령대별 및 직급별 인원현황(2014년 12월)

평균연령 / 연령대	생산직										(%)
	기정	기정대우	기감	기장	기원	4급	5급	6급	7급	합계	
	58.0	57.0	57.5	55.7	53.9	48.3	38.2	33.1	29.3	48.0	
18~20	−	−						3 (1.7)	169 (98.3)	172 (100.0)	(1.1)
	−	−									
20~25	−	−					2 (1.5)	33 (24.8)	98 (73.7)	133 (100.0)	(0.9)
	−	−									
26~30	−	−				3 (0.5)	30 (4.5)	308 (46.5)	321 (48.5)	662 (100.0)	(4.3)
	−	−									
31~35	−	−			2 (0.1)	37 (1.8)	512 (25.3)	1033 (51.1)	436 (21.6)	2,020 (100.0)	(13.2)
	−	−									
36~40	−	−		1 (0.1)	23 (1.4)	408 (24.7)	811 (49.0)	289 (17.5)	123 (7.4)	1,655 (100.0)	(10.8)
	−	−									
41~45	−	−		9 (0.6)	343 (22.4)	836 (54.6)	283 (18.5)	50 (3.3)	9 (0.6)	1,530 (100.0)	(10.0)
	−	−									
46~50	−	−	1 (0.1)	120 (7.5)	1,036 (65.0)	384 (24.1)	51 (3.2)	3 (0.2)	−	1.595 (100.0)	(10.4)
	−	−							−		
51~55	−	2 (0.1)	14 (0.4)	411 (12.6)	2,256 (69.1)	545 (16.7)	37 (1.1)	−	−	3.265 (100.0)	(21.4)
	−							−			
56~60	−	6 (0.1)	52 (1.2)	671 (15.9)	2,751 (65.3)	696 (16.5)	34 (0.8)	−		4.211 (100.0)	(27.6)
	−										
61~65	−	−	3 (11.1)	8 (29.6)	16 (59.3)	−	−			27 (100.0)	(0.2)
	−	−				−	−				
합계 (%)	1 (0.0)	8 (0.1)	70 (0.5)	1,220 (8.0)	6,427 (42.1)	2,909 (19.1)	1,760 (11.5)	1,719 (11.3)	1.156 (7.6)	15,270 (100.0)	(100.0)

회사 제공 자료

원의 5.3퍼센트(967명)에 불과하다. 당연히 이들의 직급은 낮다. 또한 다른 직원들에 비해 소득도 적다.

이러한 정규직 직원 채용의 급감은 그 이면에 숨어 있는 또 다른 현상과 직결되어 있다. 이른바 '사내협력사' 인원이라고 불리는 비정규직의 급증이다. 다음 표 4.8에서 보듯이 이들의 규모는 2003년 1만 1,285명에서 2015년 3만 7,870명으로 최근 12년 동안 무려 3.4배나 증가하였다. 현대중공업 생산직의 비정규직은 사내 하도급업체 직원이라는 신분으로 일하고 있다(정이환 2013). 그리고 이들의 임금수준은 정규직의 66퍼센트 수준이라고 보도되고 있다(최종석 2015). 이러한 사실을 종합하면 고용의 '양극화' 추세가 심각한 현상임을 알 수 있다.

현대중공업의 정규직 생산직 사원의 연령구조, 그리고 비정규직 고용의 급증은 어렵사리 자리 잡은 중산층 사회가 앞으로 시간이 감에 따라 약화될 수밖에 없는 구조라는 사실을 우울하지만 분명하게 보여 주고 있다. 최근 10년 내외 기간의 정규직 신입사원 충원 그리고 그에 따른 비정규직 직원의 급증이 이를 웅변한다.

더욱 심각한 문제는 이들의 다음 세대, 즉 앞으로 충원될 사람들도 과거 1970년대 혹은 1980년대와 같은 규모의 비중으로 충원되지 않을 것이라는 분명한 사실이다. 특히 오늘날의 여러 가지 조건, 예컨대 경쟁력에 비해 임금이 지나치게 높은 상황, 조선업계의 세계적인 불황, 그리고 중국과 같은 경쟁국의 등장은 현대중공업이 과거와 같은 방식으로 엄청남 규모의 일자리를 제공해 주지 못할 것이라는 예측을 낳고 있다.

　그렇다면 새로운 도약은 불가능한가? 여러 가지 창의적인 대응이 있을 수 있다. 그러나 분명해 보이는 한 가지 가능성을 절대 간과할 수 없다. 다름 아닌 이 장에서 주목한 50대 연령의 고임금을 받는 엄청난 규모의 생산직 사원들이 앞으로 10년 안에 모두 정년을 맞이하여 퇴직하게 된다는 사실이다. 이들 한 사람의 연봉은 신입사원 3~4명의 연봉과 엇비슷하다. 그렇다면 이들의 정년으로 생기는 빈 공간에 직장을 못 얻어 방황하는 우수한 청년들을 대규모로 충원할 수 있다. 사상 최고로 높다는 오늘날 20대 실업률을 끌어내릴 수 있는 절호의 기회다.

표 4.8 현대중공업의 사내협력사(비정규직) 인원 현황(2003~15)

연도*	인원(명)
2003	11,285
2004	11,276
2005	12,842
2006	16,653
2007	18,720
2008	18,720
2009	20,145
2010	20,318
2011	23,784
2012	29,078
2013	36,204
2014	39,373
2015	37,870

회사제공 자료
* 각 연도의 연말 기준 인원. 단, 2015년은 6월 기준

기업의 일자리 창출, 특히 우수한 기업의 일자리 창출은 중산층 사회를 뒷받침하는 가장 중요한 사회적 기제다. 박정희 대통령은 중산층 중심의 사회를 만들기 위해 농촌 출신의 청년들을 교육해 고임금을 받는 숙련노동자로 키우는 일을 평생의 과제로 삼았다. 그리고 그는 성공했다.

이제 그 성공의 주인공들이 은퇴를 앞두고 있다. 지금 우리에게는 박정희가 마주했던 과제가 또 다른 맥락에서 주어져 있다. 임금피크제 등의 제도적 장치는 물론이고 노사 간의 대화와 타협으로 비정규직 문제를 해소하고 정규직 일자리를 확대하여 청년실업을 해결함은 물론 중산층 중심의 사회를 지속시켜야 한다.[34]

4. 소결

이상에서 밝힌 내용들을 요약함으로써 결론을 맺고자 한다.

중공업을 개척해 오면서 기능인력의 중요성을 누구보다 절실하게 깨달았던 박정희는 기능공 양성에 물심양면으로, 또한 직·간접적으로 깊이 간여하였다. 이 장에서 분석의 표본으로 삼은 1973~83

---

[34] 다음과 같은 아산 정주영의 경고를 현대중공업 노사는 잊지 말아야 한다.

"수많은 우리의 일꾼들이 그렇게 무섭게 일해서 얻은 눈부신 경제성장…. 그들의 노고를 거름으로 이만큼 살 만해진 이 나라를 집단이기주의의 제물로 삼아서는 안 된다. 다시 또 그 옛날의 가난으로 돌아가고 싶은가? 나라가 없으면 국민도 없고, 기업이 없으면 일터도 없다"(정주영 2011[1998]: 325).

년에 현대중공업에 입사하여 현재까지 근속하고 있는 이 기능공들은 대부분 농촌 중·하층 출신으로 대학에 진학할 가정형편이 안 되는 처지에서 취업을 위해 공고나 직업훈련을 받은 경우였다. 숙련 기능공으로서의 자부심과 열정에 충만한 이들은 조선업이 요구하는 암묵적인 숙련을 축적하여 숙련 향상을 거듭하면서 공정 혁신과 신기술 창출에 기여함으로써 단기간 내에 현대중공업을 세계 1위의 조선업체로 올라서게 하는 데 결정적인 역할을 했다.

현대중공업 기능공의 임금은 처음부터 도시근로자가구 평균경상소득보다 훨씬 높았고, 40년 근속하는 동안 이러한 경향은 더욱 강화되었기 때문에 '저임금 착취론'은 전혀 근거가 없다는 사실을 확인할 수 있었다. 임금은 세계 조선업의 극심한 불황기였던 1980년대 초·중반의 정체를 제외하고는 1987년 노조 설립 및 1995년 노사협조기로 들어가면서 폭발적인 상승세를 탔다. 심층면접조사 결과 이들의 임금은 현재 연 1억 원 수준에 거의 도달해 도시근로자가구 평균소득의 최상위 10분위에 들어가는 상황임을 보여 주고 있다. 이들의 현재 소속계층은 전원이 최소한 핵심중산층, 즉 '중중' 계층이거나 혹은 그 상위 계층이다.

박정희는 중공업을 일으킴으로써 농촌과 도시 주변부에 잉여인구로 퇴적될 가능성이 큰 농어촌과 도시 중·하층 출신의 젊은이들을(핫또리 타미오 2007) 자부심을 가진 핵심적 중산층으로 계층상승시켰다. 그리하여 그는 이 땅에 풍요롭고 평등한 중산층 사회를 등장시키고 공고화된 민주사회의 핵심 토대를 놓았다. 그러나 오늘

날 그가 꿈꾸었던 사회를 지속시키는 과제는 새로운 국면에서 새
로운 도전을 맞이하고 있다.

1997년 외환위기와
노동시장의 양극화
― 노동정치와 노동운동의 분열

1. 1997년 외환위기와 IMF 구제금융
2. 기업의 구조조정과 실업
   자동차산업의 구조조정 :
      기아자동차 및 현대자동차 그리고 비정규직 노동자
   조선산업의 구조조정 : 현대중공업 노조와 비정규직 노동자
3. 정부의 위기관리 : '노사정위원회'와 노동정치의 실패
   1997년 위기 이전 김영삼 정부의 '노사관계개혁위원회'
   1997년 위기 이후 김대중 정부의 '노사정위원회
4. 노동운동 내부의 파벌투쟁
5. 소결 : 기업별 노조와 '귀족' 노조 탄생의 서막

사진 5.1 노동자들의 임금수준은 1987년 노동자대투쟁 이후 급속히 상승했다. 사진은 1987년 현대중공업 노동자들의 파업 모습

이 장은 일부 내용이 류석춘(2017c, 2017d)에 발표되었다.

1. 1997년 외환위기와 IMF 구제금융

1997년 초부터 한국경제는 심각한 위기를 맞이하고 있었다. 1월에는 재계 서열 14위인 한보그룹이 부도를 맞으며 권력형 금융부정과 특혜대출 비리가 드러나 결국에는 대통령 아들이 구속되는 사건이 벌어졌다. 또한 7월에는 재계 서열 8위로 28개의 계열사를 거느린 기아그룹이 부도유예협약을 체결하고, 9월에 화의를 신청했으나 결국 10월에 법정관리로 넘어갔다. 이와 같은 어려움에도 불구하고 김영삼 정부는 외환보유고의 급속한 고갈에 주목하지 않는 등 심각한 경제문제에 안이한 대처로 일관했다.

마침내 12월로 예정된 대통령선거를 한 달도 남겨 두지 않은 시점에서 한국경제는 엄청난 파국을 맞이했다. 국가부도가 임박했다는 국제사회의 경고는 정부로 하여금 1997년 12월 3일 국제통화기금(IMF)으로부터 210억 달러에 달하는 긴급구제금융을 지원받는 협약에 사인하도록 했다. 그리고도 모자라 정부는 추가로 세계은행(IBRD)으로부터 100억 달러, 아시아개발은행(ADB)으로부터 40억 달러, 그리고 미국과 일본이 중심이 된 우방국으로부터 233억 5천만 달러라는 자금을 지원받았다. 결국 합계 583억 5천만 달러라는 막대한 규모의 구제금융이 국가부도를 막기 위해 투입되었다(The Bank of Korea 2010: 228).[1]

---

[1] 1997년 한 해 대한민국의 총경제규모(GNP)가 4,370억 달러였으니, 전체 경제규모의 13%에 해당하는 빚을 한 순간에 떠안은 셈이다.

구제금융에는 물론 조건이 따라붙었다. IMF를 비롯한 국제사회는 '글로벌 스탠더드'에 따른 고강도의 '신자유주의적 개혁(neoliberal reform)'을 요구했다. 구체적인 내용은 (1) 긴축예산을 포함한 거시경제 긴축, (2) 상품 및 자본 시장의 완전한 자유화, (3) 한국경제 곳곳에 내장된 구조적 문제를 개혁하기 위한 부문별 개혁 프로그램의 가동, 즉 금융, 기업, 노동, 공공 부문에 대한 구조조정이 그것이다(Shin and Jang 2003: 70-76). 개혁 프로그램이 알려지자 시장에서는 극도의 자금경색이 발생했다. 기업의 부도는 물론이고, 기업에 대출을 해 준 금융기관의 연쇄적인 부도가 발생하면서 금리와 환율이 끝도 없이 치솟았고 실업자가 양산되었다(Kong 2000: 209-41).

이러한 와중에도 1997년 12월 19일로 예정된 대통령선거는 시시각각 다가오고 있었다. 선거에 출마한 유력 후보자들은 모두 TV 토론을 통해 구제금융의 조건을 받아들이겠다는 공약을 내걸어야만 했다. 선거의 결과는 좌파진영, 즉 노동의 지지를 등에 업은 김대중 후보가 우파진영, 즉 자본의 지지를 등에 업은 이회창 후보를 박빙으로 이긴 모습이었다. 그러나 이 선거는 사실상 누가 대통령에 당선되어도 결국은 같은 정책을 실행할 수밖에 없는 상황에서 치러진 선거였다. IMF 등의 구제금융(international rescue program) 조건을 외면할 수 없었기 때문이다. 이른바 한국의 'IMF 시대'는 이렇게 시작되었다.

1998년 2월 25일 취임한 김대중 대통령이 맞이한 현실은 참담

했다. 김영삼 정부의 방만한 경제운용이 불러들인 국가부도 위기는 구제금융의 조건에 따라 경제 전반의 구조조정으로 이어졌다. 금융 부문의 방만한 경영을 정리하기 위해 국제결제은행(Bank for International Settlement, BIS)이 제시한 위험자산(부실채권) 대비 자기자본비율[2] 최소 8퍼센트가 적용되어 수많은 금융기관이 문을 닫았다. 또한 금융기관의 대출에 의지해 무분별하게 사업을 확장한 기업부문의 부실을 정리하기 위해 기업의 자산에 대한 부채의 비율(debt to equity ratio)을 최대 200퍼센트까지만 허용해 수많은 기업이 부도처리되었다. 동시에 정부는 총 160조 원이라는 엄청난 규모의 공적자금(public fund)을 금융과 기업 부문의 부실을 정리하기 위해 투입하였다.[3]

한편, 공공 부문의 부실을 정리하는 방법으로는 공기업의 민영화(privatization)가 추진되었다. 노동 부문에 대해서는 전투적인 노동조합에 대한 대응책으로 노동시장의 유연화(labor market flexibility), 즉 보다 자유로운 해고가 가능토록 하는 개혁이 추진되었다.

2. 기업의 구조조정과 실업

당시 추진되었던 여러 가지 개혁 가운데 1970년대 중화학공업

---

2 BIS가 1988년 7월 각국 은행의 건전성과 안정성 확보를 위해 마련한 국제적 기준이다.
3 공적 자금의 투입과 회수에 관한 분석은 Lew (2013: 141-69[제7장]) 참조.

화정책을 통해 양산된 기능공 노동자들이 마주친 문제와 관련해서 주의 깊게 살펴 볼 주제는 말할 것도 없이, 기업의 구조조정과 그에 따른 노동 부문의 상황이다. 표 5.1이 보여 주듯이 위기 이전

표 5.1 실업률 추이(1980~2014)   단위: 천 명

연도	경제활동인구 (A)	취업자 (B)	실업자 (C)	실업률(%) (C/A×100)
1980	14,431	13,683	748	5.2
1985	15,592	14,970	622	4.0
1990	18,539	18,085	454	2.4
1995	20,845	20,414	430	2.1
1996	21,288	20,853	435	2.0
1997	21,782	21,214	568	2.6
1998	21,428	19,938	1,490	7.0
1999	21,666	20,291	1,374	6.3
2000	22,069	21,156	913	4.1
2001	22,417	21,572	845	3.8
2002	22,877	22,169	708	3.1
2003	22,916	22,139	777	3.4
2004	23,370	22,557	813	3.5
2005	23,689	22,856	833	3.5
2010	24,661	23,829	832	3.4
2014	26,433	25,599	834	3.2

통계청, 경제활동인구조사(http://kosis.kr/statHtml/statHtml.do?orgId=101&tblId=DT_1DA7C08 &conn_path=I3, 2015. 3. 29 접근)

1996년의 실업률은 2.0퍼센트였다. 이 숫자는 1980년부터 2014년까지 34년 동안의 실업률 중 가장 낮은 수치였다. 그러나 위기가 닥친 1997년 실업률은 2.6퍼센트로 증가했고, 위기 직후인 1998년 및 1999년의 실업률은 각각 7.0퍼센트 및 6.3퍼센트를 기록해 최악의 상황이 되었다. 이를 실업자의 규모로 보면 위기 이전 1996년에는 44만 1997년에는 57만 명이던 실업자의 숫자가 위기 이후 1998년에는 149만, 1999년에는 137만으로 늘어났다. 위기를 겪으며 실업자의 규모가 3배 가까이로 늘어난 셈이다. 다시 말해 100만 가까운 실업자가 위기로 인해 추가로 발생했다. 이는 두자릿수 경제발전을 시작한 1960년대 이후 최악의 상황이었다.

최악의 실업을 가져온 기업의 구조조정이 중화학공업 부문의 노동자들에게 어떠한 영향을 미쳤을까? 이를 알아보기 위해 우선 외환위기를 전후한 직업구조의 변화를 살펴보기로 한다.

표 5.2는 1997년 6월부터 2000년 6월까지 3년 동안의 직업별 취업자의 변화를 보여 주고 있다. 1997년 6월 취업사를 100퍼센트로 보았을 때 전체 취업자는 1998년 6월 93.7퍼센트, 1999년 6월 95.7퍼센트, 2000년 6월 99.8퍼센트를 각각 기록한다. 그러므로 1997년 위기로부터 3년이 지나면서 전체 취업자의 규모는 위기 이전 수준으로 거의 회복하였음을 알 수 있다.

그럼에도 불구하고 '기능원(Crafts)' 범주의 직업만은 1997년 6월을 100퍼센트로 보았을 때 1998년 6월 76.9퍼센트, 1999년 6월 81.5퍼센트, 그리고 2000년 6월 85.8퍼센트를 각각 기록해 위기에 가장 큰 피해를 입은 범주임을 알 수 있다. 이 범주의 직업은 위기 이후 3년이 지나도 여전히 14.2퍼센트포인트가량의 취업자가 줄어들었기 때문이다. 이를 취업자의 숫자로 환산하면 1996년 6월 기준

표 5.2 외환위기 전후 직업구조의 변화

단위: 천 명, 1999. 7=100%

직 업	1997. 6	1998. 6	1999. 6	2000. 6
관리직 Managers	519	495	461	462
	(100%)	(95.4%)	(88.8%)	(89.0%)
전문가 Professionals	1,008	1,118	1,068	1,119
	(100%)	(110.9%)	(106.0%)	(111.0%)
기술공 및 준전문가 Technicians	2,237	2,138	2,351	2,385
	(100%)	(95.6%)	(105.1%)	(106.6%)
사무직원 Clerks	2,652	2,481	2,298	2,490
	(100%)	(93.6%)	(86.7%)	(93.9%)
판매서비스직원 Sales Workers	4,860	4,704	4,792	5,038
	(100%)	(96.8%)	(98.6%)	(103.7%)
농어업 근로자 Workers in Agriculture & Fishery	2,398	2,595	2,431	2,350
	(100%)	(108.2%)	(101.4%)	(98.0%)
기능원 Crafts	3,229	2,483	2,632	2,772
	(100%)	(76.9%)	(81.5%)	(85.8%)
장치·기계조작원/조립원 Equipment, Machine Operating, and Assembling	2,222	2,084	2,105	2,238
	(100%)	(93.8%)	(94.7%)	(100.7%)
단순노무직 Elementary Workers	2,398	2,077	2,461	2,629
	(100%)	(86.6%)	(102.6%)	(109.6%)
전체 취업자 Employed Total	21,523	20,175	20,599	21,475
	(100%)	(93.7%)	(95.7%)	(99.8%)

통계청(http://kosis.nso.go.kr/cgi-bin/sws_999.cgi) ; 신광영(2004: 229) 재구성

으로 1년 후엔 약 75만, 2년 후엔 약 60만, 그리고 3년 후엔 46만 정도가 각각 줄어든 셈이다.

그렇다면 앞서 살펴본 실업의 증가 가운데 약 절반이 '기능원' 직업으로부터 유래하였음을 알 수 있다. 물론 이들 '기능원' 직업의 실업자 중 상당수가 중화학 부문의 기능공 출신 노동자였을 것이라는 추론도 가능하다. 중화학공업 부문의 노동자들은 이 직업 범주 말고도 '장치·기계조작원/조립원(Equipment, Machine Operating, and Assembling)' 혹은 '기술공 및 준전문가(Technicians)' 범주의 직업에도 속할 수 있다. 그러나 이들 범주의 직업은 1997년 위기 이후 3년 내에 신속히 위기 이전의 수준으로 회복하였다. 따라서 1997년 위기가 가져온 구조조정, 즉 실업은 대부분 '기능원' 직업에 속한 중화학공업 노동자들에게 가장 강력한 타격을 가하며 실업자를 양산한 것으로 분석된다.

자동차산업의 구조조정 : 기아자동차 및 현대자동차 그리고 비정규직 노동자

'기능원' 범주의 직업을 많이 고용하고 있는 자동차산업의 구조조정은 당시 중화학공업 부문의 노동자들이 처한 상황을 가장 적나라하게 보여 준다.

위기 이전부터 한국의 자동차산업은 이미 공급과잉의 양상을 보이고 있었다.[4] 기아, 현대, 대우로 3파전을 벌이던 기존의 승용차 생산시장에 삼성이 1990년대 전반 새롭게 뛰어들었기 때문이다. 공급과잉 상황은 역설적이게도 '국민기업'이라는 평가를 받으며 전문경영인 체제를 유지하던 기아자동차를 가장 먼저 부도의 위기로 몰아넣었다. 마침내 기아차는 1997년 10월 법정관리로 넘어갔고 결국 1998년 말 재벌회사인 현대자동차에 인수되었다.

이 과정에서 기아차는 물론 기아차 계열사의 노조는 인원 삭감, 임금 동결 등의 자구노력을 기울이며 회사의 경영진과 협조하며 그룹 살리기를 추진했으나 결국에는 모두 실패했다(김기원 2002: 10-13). 당시 기아차그룹의 핵심 계열사인 기아중공업에서 '기계사업본부장'을 맡고 있던 유한식의 증언은 비장하다.[5]

> 1998년 7월 전체 생산직사원 2,047명 가운데 436명을 자체적으로 감축하는 구조조정을 추진하면서 채권단에 '화의(mediation)'를 신청했으나 받아들여지지 않았습니다. 결국 기아중공업은 현대위아에 1998년 말 합병되었고 저는 '점령군'에 제공해야 할 최소한의 업무를 마무리하고 2003년 3월 스스로 퇴사하였습니다.

그렇다면 기아차를 흡수한 현대차의 경우는 어떠했을까? 경쟁

---

4 1970년대 중화학공업화의 일환으로 시작된 한국의 자동차산업은 일찍이 1980년 한 차례 정부에 의해 강제로 구조조정을 겪었다(오원철 1996, 제10장).
5 인터뷰는 2015년 3월 서울의 한 커피숍에서 이루어졌다.

사진 5.2 1998년 8월 24일 현대자동차 노사는 정리해고 등 쟁점에 합의했지만, 그 뒤에는 비정규직 노동자들의 희생이 있었다. 오른쪽부터 협상을 중재한 노무현 당시 의원, 정몽규 회장, 김광식 노조위원장, 이기호 노동부장관

하던 회사를 인수했다는 경영의 측면에서는 승자일 수 있어도, 회사 내부의 노동자 입장에서는 사실상 기아차와 전혀 다를 바 없는 상황이었다. 왜냐하면 1997년 위기를 겪으며 국내의 자동차 수요는 전년도에 비해 반토막이 났고, 그에 따라 현대차 공장의 가동률도 반토막이 났기 때문이다(조형제 1999: 69). 경영의 위기는 대규모 감원의 필요성으로 이어져 마침내 회사는 1998년 8월 전체 생산직 근로자 4만 6천 명 가운데 1만여 명에 달하는 인력 감축을 노조와 합의했다. 이 인력 감축에는 '자연감소' 및 '희망퇴직'은 물론

'무급휴직' 그리고 나아가서 '정리해고' 277명도 포함되어 있었다 (조형제 1999: 80).

역설적이게도 이 합의에 동의한 노조 지도부는 "단 한 명의 정리해고도 있을 수 없다"는 선거공약을 제시하며 1997년 8월 당선된 7대 노소위원장 김광식이었다. 경제적 호황을 배경으로 "최대한의 투쟁을 통한 최대한의 경제적 보상"(임영일 1999: 40-41)이라는 1987년 이후 지속되어 온 전투적 노동운동의 관행이 시험대에 오르는 순간이었다.

마침내 이 합의에 기초해 구조조정이 이루어지면서, 현대차 노조는 심각한 내분에 휩싸였다(조효래 2000). 현대차 노조의 분열은 단위기업에서는 물론 아래에서 살펴보듯이 노사정위원회를 통한 국가 혹은 자본과의 협상에서도 노동운동의 분열을 예고한 사건이었다(Neary 2000).

1998년 현대차 구조조정의 과정과 결과는 정규직 중화학공업 노동자에 대한 정리해고의 가능성을 노조가 받아들였다는 맥락에서만 중요한 사건이 아니었다. 이른바 1998년의 '36일 파업'을 거치면서 현대차 노조는 정규직인 조합원을 보호하기 위해 조합원이 아닌 비정규직 노동자, 특히 사내하청 노동자들을 제물로 삼는 회사의 정책을 묵인하였기 때문이다. "실제로 회사는 정규직 노동자의 인원조정 이전에 1,722명의 사내하청 인원을 내보내고 그 자리를 정규직으로 대체하였다. 이 과정에서 정규직 노조가 회사의 하청 우선조정 시도에 대해 문제를 제기하거나 최소한 사회적 공론

화의 노력을 한 증거는 발견되지 않는다"(유형근 2012: 221). 구조조정의 아픔은 결국 노조의 보호를 받는 정규직으로부터 노조의 보호를 받지 못하는 비정규직으로 최종 전가되었다.

조선산업의 구조조정: 현대중공업 노조와 비정규직 노동자

물론 1997년의 경제위기가 모든 중화학공업 부문 노동자들에게 동일한 영향을 미친 것은 결코 아니었다. 바로 이 대목에서 1987년부터 1994년까지 강성 노동운동의 최전선에 있던 현대중공업의 변화를 주목할 필요가 있다.

1995년 새로 당선된 현대중공업 노조 지도부는 여전히 전투적 노선을 추구하는 강성 활동가들의 무대였다. 그러나 1990년대 초반부터 불어닥친 국가와 자본의 '신경영전략'은 강성 노동운동이 주도하는 정치투쟁의 악순환, 예컨대 '정권 퇴진'과 같은 정치적 구호와 그에 따른 구속의 반복이 가져오는 비효율에 염증을 느끼며 경제적 실리를 추구하는 조합원들을 규합하기 시작했다. 그 결과 단체교섭(collective bargaining)을 중심으로 한 실리적 노동운동을 추구하는 노조대의원들이 대거 당선되기 시작했다. 그리고 이들은 정치투쟁 중심의 강성 노조 집행부를 견제하기 시작했다(박영범 외 2007: 42-61).

이러한 밑으로부터의 변화가 계속되는 상황에서 들이닥친 1997년의 경제위기는 노사관계에서 회사의 입장을 강화해 주었다. 동시에 조합원들 사이에서도 파업과 같은 강경한 방법보다는 실리 위주의 협상을 선호하는 경향을 부추겼다. 이와 동시에 현대중공업 경영진은 위기에도 불구하고 "노조 조합원에 대해서는 인위적인 구조조정을 하지 않겠다"는 약속을 하여 큰 호응을 얻었다(김동원 외 2008: 261).

강성 지도부를 상대로 한 온건 대의원들의 견제는 2002년 마침내 실리 위주의 온건한 노선을 추구하는 지도부를 당선시키며 협조적 노사관계가 정착되는 계기를 만들었다(김동원 외 2008: 250-52). 이에 따라 2004년 9월 현대중공업 생산직 노조는 강성투쟁을 주도하는 민주노총 산하 금속연맹을 탈퇴했다.

이 갈등의 발단은 2004년 2월 현대중공업 하청노동자 박일수 씨가 '비정규직 차별 철폐'를 요구하며 분신 사망한 사건으로부터 비롯된다. 사건이 발생하자 민주노총 금속연맹과 사내 비정규노조 그리고 일부 정치단체가 즉각 '분신대책위'를 구성하고 비정규직 문제를 사회적 쟁점으로 확산시키는 투쟁을 주도했다. 그러나 현대중공업 노조는 이에 맞서 분신 사태가 정치적으로 악용되고 있다며 노조를 배제한 어떤 협의도 용납하지 않겠다는 강경한 입장을 고수했다(하인식 2004).

그 결과 민주노총과 금속연맹은 현대중공업 노조를 제명하였고, 동시에 현대중공업 노조는 금속연맹과 민주노총으로부터 탈퇴했다. 현대중공업 노조는 이때부터 상급 노동단체에 납부하던 한 해 가맹비 약 5억 8천만 원을 자체적으로 사용하게 되었다(『동아일보』

사진 5.3 2006년 무분규 12년을 기념하는 행사에 참석한 현대중공업 노사 대표
들. 현대중공업 노조는 분규를 포기하는 대신 복지와 임금에서 이득을 확
보했다.

사설, 2008. 7. 26). 그 결과 현대중공업은 1995년부터 2014년 회사
의 경영이 어려워질 때까지 20년 동안 무분규 기록을 갱신하며 모
범적인 노사관계를 실천하는 대표적 기업으로 탈바꿈했다.

그러나 분규가 없다고 하여 노조가 임금이나 후생에서 양보를
한 것은 결코 아니었다. 실적이 좋을 때는 높은 임금인상과 성과급
으로 협상이 타결됐고, 실적이 어려울 때는 고용보장과 복리후생
확보로 실리를 챙겼기 때문이다(김기철 2014). 그리하여 현대중공
업 노동자들은 1997년의 경제위기에도 불구하고 구조조정의 무풍
지대에서 고용안정을 누리면서 도시근로자가구 평균소득의 2배 가
까운 임금을 누렸다.[6]

1997년 위기에 따른 구조조정의 아픔은 중화학공업 부문의 노동자들이 속한 기업에 따라, 업종에 따라, 그리고 고용의 지위에 따라 차별적으로 진행되었다. 실업의 위기는 이들을 한편으로 강경한 투쟁으로 이끌기도 했지만, 다른 한편으로 온건한 타협이 보다 효율적일 수 있음도 경험하게 했다(양재진 2015). 다른 한편 동료의 해고를 보며 중화학공업 부문의 노동자들은 대처하는 방법과 수위를 놓고 서로 다른 노선으로 분열했다. 그 결과 이들은 비정규직을 방패막이로 삼아 스스로의 생존을 보장받으며 노동자집단 전체의 단결보다는 자신이 속한 기업의 생존, 나아가서 자신이 속한 기업 단위의 노조가 제공하는 보호막이 얼마나 중요한지 깨닫게 되었다(조돈문 2011: 376).

전체적으로 보아 1997년 이후의 상황은 1987년 대투쟁 이후 강화되어 노동운동의 계급적 효과, 즉 기업별 노조를 뛰어넘는 산업별 노조라는 연대를 밑바닥에서부터 뒤흔드는 효과를 가져왔다. 또한 이는 역으로 1990년대 초반부터 시작된 정부와 기업의 '신경영전략'이 1997년 위기를 거치며 탄력을 받게 되었음을 의미하기도 한다(박준식 1996).

결과적으로 1997년 위기 이후 중화학공업 부문의 노동자 상황은 기업별로 차별화되기 시작했다. 단위사업장에서 진행되는 노사간의 협상에 상급노조를 포함한 제3자의 개입을 금지하는 '3자개

---

6 1997~98년 위기 당시 도시근로자가구의 경상소득이 7% 하락할 때에도 현대중공업 노동자들은 임금이 5.3% 상승했다(유광호·류석춘 2015).

입 금지'의 전통이 강화되면서 기업별 노조 활동이 대세로 자리를 잡게 되었다. 또한 회사를 상대로 고용과 소득을 보장받으려는 정규직 노조가 울타리 밖의 비정규직 노동자를 고용안정을 위한 완충장치로 삼기 시작했다.

3. 정부의 위기관리 : '노사정위원회'와 노동정치의 실패

1997년 위기 이전 김영삼 정부의 '노사관계개혁위원회'

'노동의 유연화'는 1993년 2월 집권한 김영삼 정부가 출범부터 꾸준히 추진하여 온 개혁이다.

김영삼 정부는 1997년 경제위기의 징후가 드러나기 이전인 1996년 4월 대립과 갈등으로 점철되어 온 노사관계를 세계화 및 정보화 사회의 도래에 발맞추어 획기적으로 개혁해야 한다는 '신노사관계 구상'을 발표했다.

물론 이러한 구상의 배경에는 1991년 말 남북한의 유엔 동시가입을 계기로 한국이 국제노동기구(ILO)에 가입한 상황이 작용하고 있었다. ILO 가입은 한편으로 국제적으로 정부 및 민간 차원의 교류와 협력의 폭을 넓히는 계기가 되었지만, 다른 한편으로 국내적으로 기존의 노동관계 법률을 재검토하는 계기가 되었기 때문이다. 또한 1996년 경제협력개발기구(OECD)에 가입한 한국으로서는 OECD 회원국들이 기회 있을 때마다 지적하는 ILO의 기준과 배치되는 국내 노동관계법의 문제를 간과할 수 없었다.

이러한 문제를 해소할 기구로 김영삼 정부는 1996년 5월 '노동'과 '자본' 그리고 '공익' 및 '학계' 대표가 참여하는 '노사관계개혁위원회'를 출범시켰다. 노사 간의 대화와 타협을 통해 노동법을 한편으로는 '자본'이 원하는 대로 세계화 시대에 걸맞도록 유연하고 탄력적으로 바꾸는 동시에, 다른 한편으로는 '노동'이 원하는 대로 노동기본권 보장이 국제기준과 관행에 부합하도록 개정하는 것이 정부의 목표였다.

그러므로 노사관계개혁위원회 내부에서는 두 가지 입장이 충돌하지 않을 수 없었다. 한편으로 '자본'은 노동시장 유연화를 강조하며 정리해고, 파견근로, 변형근로시간제 등의 도입을 주장하고 있었다. 다른 한편으로 노동은 기본권 보장을 강조하며 복수노조, 정치활동, 3자개입 등의 허용을 주장하고 있었다.

민주노총의 탈퇴와 복귀를 포함한 오랜 진통 끝에 마침내 노사관계개혁위원회는 경제위기가 닥치기 약 1년 전인 1996년 11월 12일 일부 조항이 완전히 합의되지 않은 상황에서 노동법의 기본적 개정 방향을 제시하는 대통령 보고를 끝으로 활동을 마무리했다. 이후 노동법 개정은 이 보고 내용을 기초로 정부 부처 내부의 입장 차이, 예컨대 노동부와 재경부와 같은 경제부처 간의 입장 차이를 조율하는 과정을 거쳤다. 가장 첨예한 대립은 복수노조 허용 문제 그리고 공무원 및 교원의 단결권 허용 문제 등이었다.

마침내 같은 해 12월 3일 노동보다는 자본, 그리고 노동부보다는 재경부의 입장을 상대적으로 더 반영한 정부의 노동법 개정안이 국회로 넘어갔다. 야당의 반대로 개정안은 여당 단독으로 같은 해 12월 26일 새벽 4시 국회를 변칙적으로 통과했다. 노동은 거세게 반발했다. 한국노총과 민주노총은 총파업을 마다하지 않았고 일부 여론과 시민사회의 지지를 등에 업고 노동법 재개정을 압박했다. 결국 국회는 1997년 3월 8일, 변칙처리된 개정안을 폐기하고 여야 합의로 재개정한 노동법을 통과시켰다.

재개정된 노동법은 개정된 노동법에 비해 노동의 입장을 우호적으로 반영한 것이 사실이지만, 그렇다고 반드시 노동에 유리한 변화였다고 판단할 수만도 없다. 왜냐하면 자본이 요구한 노동시장의 유연화를 위해 정리해고 및 변형근로가 도입되었고, 또한 노조전임자 급여 금지 및 '무노동무임금' 원칙이 관철되었기 때문이다. 그러나 3자개입, 정치활동, 상급단체의 복수노조 등이 허용된 사실은 노동의 기본권이 확장된 모습이기도 하다. 교원과 공무원의 단결권은 허용되지 않았다(한국노동연구원 2000: 265-342).

노동법 개정이 이렇게 마무리되자, 김영삼 정부는 1997년 4월 '신 노사문화' 정착을 위한 제2기 '노사관계개혁위원회'를 출범시켰다. 그러나 제2기 위원회의 활동은 때맞춰 발생한 외환위기의 전주곡, 즉 한보와 기아 사태로 별 주목을 받지 못했고, 결국 가시적인 성과를 내지 못하면서 1997년 11월 17일 대통령 보고를 끝으

로 역사 속으로 사라졌다. 김영삼 정권이 1997년 11월 21일 IMF
의 구제금융을 공식적으로 요청하면서 시작된 1997년 말의 경제
위기는 바로 이와 같이 우리나라의 노사관계가 불신과 대립의 벽
을 넘지 못하고 엉거주춤한 타협으로 봉합되었을 때 들이닥친 사
건이었다.

1997년 위기 이후 김대중 정부의 '노사정위원회'

대통령선거에서 승리한 김대중은 당선자 신분으로 현직 대통령
김영삼과 1997년 12월 20일 회동하여 위기를 극복하기 위한 '비
상경제대책위원회(비대위)' 설치에 합의했다.[7] 비대위는 즉시 활동
을 개시하여 시급히 필요한 금융개혁 추진을 위해서 은행 간 인수·
합병을 할 때 정리해고를 허용토록 하는 데 이어, 이듬해 1월에는
'노·사·정' 3자 간 고통을 분담하여야 위기를 극복할 수 있다는 선
언을 이끌어 냈고, 나아가서 IMF의 권유에 따라 일반 기업 간 인
수·합병을 할 경우에도 정리해고가 가능한 방향으로 개혁을 추진
했다.

그러나 모든 산업으로 정리해고를 확대하는 비대위의 방향에 노
동은 반발했다. 노동의 반발을 달래기 위한 수단으로 노동과 자본

---

7 비상경제대책위원회는 김대중 당선자 측에서 6인(위원장 자민련 부총재 김용환) 및 김영삼
  정부 경제정책 담당자 6인(위원장 임창렬 경제부총리)로 구성되어 김대중 대통령 취임일인
  1998년 2월 21일까지 활동했다.

그리고 정부가 같은 지분으로 참여해 정리해고를 포함한 노동문제 전반에 관한 여러 쟁점을 협의하기 위해 1998년 1월 15일 만들어진 기구가 바로 '노사정위원회'다.

그러나 김대중 정부의 노사정위원회는 김영삼 정부의 노사관계 개혁위원회와 동일한 문제를 겪을 수밖에 없었다. 왜냐하면 입장이 대립되는 노동과 자본이 공존하고 있을뿐더러, 노동을 대표하는 두 기구인 한국노총과 민주노총은 서로 헤게모니 확보를 위해 경쟁적으로 협의기구인 노사정위원회에 진입과 탈퇴를 반복했기 때문이다. 차이점이 있다면 활동의 여건이 김대중 정부에서는 IMF 구제금융의 조건을 받아들이지 않을 수 없는 절박한 상황이었다는 사실뿐이다.

그렇기 때문에 출범하고 채 한 달이 지나지 않은 시점인 1998년 2월 8일 노사정위원회는 10대 의제에 대한 일괄타결을 이끌어 낼 수 있었다(한국노동연구원 2000: 362 참조). 이 타결에서 자본은 '노동시장 유연화' 관련 조항인 정리해고와 파견근로를 보다 확대해 적용한다는 소득을 얻었고, 노동은 '기본권' 관련 조항인 공무원직장협의회와 교원노동조합의 결성, 그리고 노조의 정치활동에 대한 허용의 폭을 넓혔다.

그러나 문제는 정리해고를 인정한 합의안에 대한 노동계의 엇갈린 반응이었다. 한국노총은 합의안을 수용할 수 있다고 밝혔지만, 민주노총은 합의안을 거부했다. 민주노총은 합의안이 통과된 바로 다음 날 임시대의원대회를 개최하여 합의안 수용을 부결시켰다.

민주노총은 이 문제에 대한 책임을 지고 배석범 직무대행이 이끌던 지도부가 사퇴했고,[8] 강경한 입장의 단병호를 비상대책위원장으로 선출했다. 두 노동단체의 엇갈린 반응은 노동정치(labor politics)에 심각한 상처를 남겼다. 한편으로 한국노총은 정리해고에 동의함으로써 자본의 들러리를 섰다는 비난을 피할 수 없었고, 다른 한편 노동조직은 한국노총과 민주노총으로 양분되어 서로 갈등하는 모습을 보여 주었기 때문이다.

민주노총의 반발에도 불구하고 김대중 당선자 측은 IMF의 요구를 거부할 수 없다는 명분과 1991년 ILO 가입 당시 약속했던 협약을 준수해야 한다는 논리를 전개하며 노사정위원회의 합의안을 기초로 국회에서 순차적으로 관련법 개정을 주도했다. 1998년 2월 14일에는 근로기준법 등 19개 안건이 통과되었다. 개정된 법률의 주요 내용은 정리해고의 사유를 보다 광범위하게, 즉 유연하게 적용할 수 있도록 하고, 파견근로제의 법적 기반을 마련해서 정부의 구조조정 작업이 탄력을 받도록 힘을 실어 주는 것이었다. 같은 달 17일에는 공무원노조의 설립을 사실상 허용하는 공무원직장협의회법이 통과되었다. 나아가서 같은 해 4월 30일에는 노동조합의 정치참여를 허용하는 선거법 개정이 이루어졌다. 이 법에 의거해 한국노총과 민주노총은 역사상 처음으로 자신들의 후보를 1998

---

8 1995년 11월 출범한 민주노총은 권영길을 초대 위원장으로 추대했으나, 그는 1997년 12월로 예정된 대통령선거에 출마하기 위해 같은 해 9월 위원장 직을 사퇴했다. 그에 따라 민주노총은 배석범 직무대행 체제로 운영되고 있었다.

년 6월 4일 실시된 지방선거에 출마시켜 일정한 성과를 얻으며 현실정치에 뿌리를 내릴 수 있었다(한국노동연구원 2000: 387). 그러나 교원노조를 허용하는 합의에 관한 입법은 유보되었다(356-76).

노사정위원회의 일괄적인 합의사항에 대한 정부의 법제화가 차별적으로 이루어졌음에도 불구하고 노동의 저항은 상대적으로 조용했다. 조직 내부의 통합이 우선이었기 때문이다. 한편, 재계 역시 실업 대책을 마련하고 본격적으로 진행될 기업의 구조조정을 준비하느라 노동정치에 대한 관심을 적극적으로 드러내지 않았다.

그러나 정부의 입장은 달랐다. 경제위기를 주도적으로 해결하는 모습을 국내외에 과시할 필요가 있었기 때문이다. 특히 김대중 대통령은 1998년 5월 10일 '국민과의 TV 대화'를 해야 했고, 이어서 6월에는 미국 방문이 예정되어 있었다. 이러한 상황은 정부로 하여금 제2기 노사정위원회의 출범을 재촉하도록 만들었다.

제2기 노사정위원회의 추진과 관련한 정부의 주도적 역할에 자본은 소극적 반응을 보였다. 노동의 반응은 또다시 엇갈렸다. 우선 한국노총은 긍정적으로 협력할 용의를 밝혔다. 반면 민주노총은 1988년 3월 31일 대의원총회를 소집해 단병호 비대위 체제를 계승한 이갑용 체제를 구축하고, 총파업 등 실력행사를 하며 노사정위원회에 적대적인 기조를 유지해 나갔다. 그러나 정부는 민주노총과 별도의 '노·정' 협의를 거치며 고통분담이 필요하다는 맥락에서 끈질긴 유화전략을 구사하여 돌파구를 마련했다. 노사정위원회 참여에 부정적이던 민주노총이 긍정적인 방향으로 돌아선 까닭은 민주노총의 '주력군'인 금속연맹이 정리해고제와 파견근로제에 대한 입장을 '철폐'에서 '재논의'로 양보했기 때문이다(한국노동연구원 2000: 398-99). 결국 1998년 6월 한국노총과 민주노총 모두가 참여하는 제2기 노사정위원회가 출범하였다.

1999년 8월까지 활동한 세2기 노사정위원회에서 다루어진 핵심 쟁점은 '실업자 노조 가입', '교원노조' 등 제1기 노사정위원회(1998년 1~2월)에서 합의하였으나 입법으로 연결되지 못한 쟁점들이었다(노사정위원회 2003).

실업자의 노조 가입 문제는 노사정위원회의 합의에도 불구하고 정부 내에서 노동부와 법무부의 입장 차이가 커 결국 법제화되지 못했다. 노동부는 실업자도 근로자에 포함시켜 기업 단위노조에는 가입하지 못하더라도 상급단체, 즉 지역별 혹은 산업별 노조에는 가입할 수 있어야 한다고 주장했다. 이에 반해 법무부는 실업자는 근로자에 해당하지 않아 근로계약의 당사자가 될 수 없으며 또한 동시에 사용자가 명확하지 않다는 이유를 들어 반대했다. 나아가서 실업자의 노조 가입은 상급노조 즉 산업별 혹은 지역별 노조의 주도권을 노동운동권이 장악하게 되어 경제적 불안은 물론 정치적 불안까지도 가중시킬 우려가 있다고 주장했다.

특히 이 쟁점은 노동법 기준으로 조합원 자격이 없는 임원을 두고 있던 전교조, 그리고 전교조가 속한 민주노총 입장에서 자신들의 적법성 문제와도 관련된 심각한 문제였다. 1995년 11월 출범한 민주노총은 1999년 11월 합법화되기까지 '법외단체'였음에도 불

구하고 김영삼 정부의 노사관계개혁위원회 그리고 김대중 정부의
노사정위원회에 정식으로 참여하면서 적법성에 관한 논의를 비켜
갔다. 그리고 이 쟁점은 결국 실업문제가 어느 정도 진정될 것으로
보이는 2000년 이후 실시한다는 잠정적인 결론으로 봉합되었다(한
국노동연구원 2000: 394-430).

한편 교원노조법은 한국노총 산하의 교원단체총연합회(교총)의
반대에도 불구하고 민주노총의 적극적인 입장, 그리고 정리해고
제 도입 등에 대해 반발하는 민주노총을 무마하려는 정부의 엄호
를 등에 업고 마침내 1999년 1월 6일 국회를 통과하였다. 이에 따
라 교사를 회원으로 한 두 조직, 즉 한국노총 산하의 '교총', 그리
고 민주노총 산하의 '전교조(전국교직원노동조합)'가 서로 경쟁하는 체
제가 만들어졌다.[9]

제2기 노사정위원회의 합의사항이 정부 내부의 이견으로 법제
화가 지연되자 위원회는 다시 한 번 파국을 맞이하지 않을 수 없었
다. 민주노총은 1998년 12월 31일 교원노조 법제화 등 합의사항

---

9 전교조의 법적 지위를 둘러싼 논쟁은 2017년까지도 이어지고 있다. 2013년 10월 박근혜 정
부의 고용노동부는 "해직 교사는 노조 조합원 자격이 없다"는 교원노조법 제2조를 근거로 전
교조에 대해 '법외노조'임을 통보하였고, 이에 반발한 전교조는 '효력정지가처분신청' 등의
법적 다툼을 이어 가고 있다. 이 과정에서 헌법재판소는 2015년 5월 교원노조법 제2조에 대
한 위헌법률심판제청에 합헌 결정을 내렸고, 2016년 1월 서울고법은 노조로서의 지위를 전
교조에 줄 수 없다는 전교조 패소 판결을 내렸다. 이에 반발해 전교조는 대법원에 상고 의사
를 밝혔지만 헌법재판소의 결정을 대법원이 뒤집을 가능성은 희박하다. 법외노조 확정판결
을 받으면 전교조는 월급에서 조합비를 징수할 수 없고 또한 전임자들을 학교로 복귀시켜야
한다.

불이행,[10] 그리고 정리해고 중심의 구조조정 강행을 이유로 노사정위원회 불참을 선언하고 다음 해 2월 24일 대의원대회 결의를 통해 노사정위원회를 공식적으로 탈퇴했다. 한국노총 또한 1999년 4월 9일 공기업, 금융, 일부 제조업 등 산하 조직에서 당시 진행되던 구조조정, 즉 정리해고에 대한 불만이 표출되면서 노사정위원회법이 제정될 때까지 조건부로 탈퇴한다는 선언을 하였다. 자본도 1999년 4월 16일 정부가 노조 전임자 급여 관련 규정의 개정을 전제로 노·정합의를 이면에서 추진하고 있다며 탈퇴를 선언하였다.

이후 김대중 정부는 1999년 5월 24일 「노사정위원회 설치 및 운영 등에 관한 법률」을 제정하고 같은 해 9월 1일 제3기 노사정위원회를 공식 출범시켰다. 초기 노사정위원회가 경제위기 극복을 위한 '임시' 협의기구의 성격을 가졌다면, 법률에 따라 설치된 제3기 노사정위원회는 대통령의 자문에 응하는 '상설' 협의기구로 변신하게 되었다. 법적 지위의 변화와 함께 노사정위원회가 다루는 의제도 사회보장을 중심으로 한 사회적 안전망의 구축과 같이 상대적으로 부드러운 쟁점으로 옮겨 가게 되었다(한국노동연구원 2000: 432-45). 그럼에도 불구하고 민주노총은 3기 노사정위원회에 처음부터 전혀 참여하지 않았다.

전체적으로 보아 김대중 정부는 노사정위원회를, 노동과 관련된 쟁점에 관해 사회적 합의(social pact)와 공론의 방식을 통해 노동법을

---

10 앞에서 기술한 바와 같이 교원노조법은 1999년 1월 6일 결국 국회를 통과했다. 민주노총은 이에 앞서 노사정위원회를 탈퇴하였다.

시대적 상황에 맞게 개정하려는 노동정치의 핵심 장치로 삼았다. 당시 노동은 노동법을 국제기준에 맞도록 고쳐야 한다고 요구하는 상황이었다. 반면에 자본은 위기에 따른 구조조정을 위해서는 노동시장의 유연화가 절대적으로 필요하다는 입장이었다. 이러한 노동과 자본의 상반되는 요구를 정부는 노사정위원회라는 새로운 제도적 장치를 통해 수렴해 보고자 하였다.

그러나 결과는 두 진영의 주장이 어정쩡하게 뒤섞인 임시 봉합으로 마무리되었을 뿐이다. 화학적 결합에 의한 결론과 합의가 이루어지지 못하였다. 노사정위원회를 통한 노동정치의 이와 같은 실패는 아래에서 살펴보겠지만 노동의 분열이라는 후폭풍을 몰고 왔다.

4. 노동운동 내부의 파벌투쟁

1997년의 경제위기는 1990년대 초반 김영삼 정부의 집권과 함께 시작된 '민주' 노동운동의 위기를 심화시켰다. 1987년의 '노동자대투쟁' 이후 하나의 패턴으로 자리 잡은 '민주' 노조의 전투적 운동방식과 그에 따른 임금상승 및 고용보장은 이제 더 이상 지속될 수 없었다. 불황의 그늘은 기업의 구조조정을 피할 수 없는 일로 만들었기 때문이다. 또한 국가는 부도(default)를 막기 위해 들여온 해외자본의 요구를 외면할 수 없어 개혁이라는 이름으로 노동의 유연화를 밀어붙였다.

전투적 노동운동의 대부로 불리는 문성현은 2010년 출판한 책 『희망은 당신 곁에 있습니다』에서 이 상황을 다음과 같이 기술하고 있다.

> 곳곳에서 정리해고 반대투쟁이 일어났지만 그 양상은 격렬하지 않았다. 도산 위기에 빠진 기업에서는 교섭 상대가 사라졌고, 간신히 살아남은 기업에서는 사용자들이 교섭 자체를 완강히 거부했다. […] 노동조합들은 자신이 처한 처지나 상황에 따라 '각개후퇴'하면서 쓰러지거나 목숨을 부지했다. (문성현 2010: 232-33)

앞서 살펴보았듯이 1997년 위기의 여파로 정리해고 문제를 두고 가장 격렬한 투쟁을 했던 현대차 노조의 상황을 문성현은 같은 책에서 다음과 같이 그리고 있다. 현대차 노조는 결국 "사원식당에서 근무하는 여성노동자들의 정리해고를 인정해 주는 대가로 나머지 노동자들의 고용을 보장받자 투쟁을 접었다. 한쪽에서는 '민주 노조가 그럴 수는 없다'고 난리를 쳤다. 다른 한쪽에서는 '어쩔 수 없지 않았겠느냐'며 침묵을 지켰다"(문성현 2010: 233).

위기에 대한 대응 방식을 놓고 '민주' 노조는 분열을 거듭했다. 그 결과 '민주' 노동운동은 크게 두 가지 흐름으로 갈라지게 되었다.

한국의 노동운동은 1980년대 내내 대학 운동권 출신의 이른바 '학출'들이 노동현장으로 '존재이전', 즉 '위장취업'을 하면서 그 역량이 크게 강화되었다(Lee 2005). 이러한 조건에서 1987년 6월 갑자기 등장한 노태우의 민주화 선언은 같은 해 7, 8월 중화학공업 노동자들이 모여 있는 마산·창원·울산을 중심으로 이른바 '노동자대투쟁'을 불러 왔다. 이때 우후죽순으로 생겨난 '민주' 노동조합은 기존의 노사협조주의적 노동조합을 무력화시키고 대학 출신 운동권의 지원을 통해 '전투적'인 노동운동을 폭발적으로 분출시켰다.

그러나 1989년부터 시작된 동구 공산권의 붕괴 그리고 1991년 소련의 해체는 사회·공산주의 이념을 배경으로 한 '학출' 주도의 노동운동에 상당한 타격을 주었다. 체제를 과격하게 부정하는 노동운동보다는 체제에 참여하면서 개량적인 방법으로 운동을 지속해야 한다는 타협적 노선이 등장했다. 이들 중 상당수는 1993년 때맞추어 출범한 김영삼 정부와 협조적인 관계를 유지하면서 시민운동으로 말을 바꾸어 타고 노동운동을 떠나기도 했다. 김영삼 정부의 출범을 전후로 우후죽순같이 등장한 이른바 '시민단체'가 이러한 경향을 잘 대변한다. 예컨대 1989년 7월 창립된 '경제정의실천연합(경실련)', 1993년 4월 창립된 '환경운동연합(환경련)', 그리고 1994년 9월 창립된 '참여민주사회와 인권을 위한 시민연대(참여연대)' 등이 대표적이다. 이들의 관심은 이제 더 이상 작업장의 노동자를 '해방'시키는 것이 아니라, 시민운동을 통해 정당을 만들고 선거를 통해 현실정치에 참여해서 권력의 지분을 획득하는 일, 즉 정치세력화를 모색하는 일로 바뀌었다.

운동권의 이와 같은 새로운 흐름은 1995년 11월 정식으로 출범한 '민주노총'의 활동을 통해서도 분명히 확인된다. 민주노총은 초대 위원장에 언론노조 출신의 노동운동가 권영길을 합의로 추대했다. 그는 1987년 '노동자대투쟁'을 주도한 블루칼라 중화학공업 부문의 노동자 출신이 아니었다. 그는 명문대학 출신으로 언론사 파리 특파원 경력을 가진 화이트칼라 노동운동가였다. 그는 학생운동 노선에서 이른바 대중성을 강조하는 노선을 따르는 노동운동가로 분류된다.

한국의 학생운동은 1980년대 중반을 넘기면서 대중이 받아들일 수 있는 방법으로 운동을 하여야 한다는 비교적 온건한 '민족해방 (National Liberation, NL)' 노선과 선도적인 정치투쟁의 중요성을 강조하는 '민중민주(Peoples' Democracy, PD)' 노선으로 양분되어 있었다. NL 노선은 북한의 '주체사상', 즉 권력의 3대 세습도 용인하는 황당한 노선이지만, 운동의 방법으로 대중에 파고드는 전략을 구사하면서 대학가의 좌파 이데올로기 지형에서 주도적인 자리를 차지하고 있었다. 반면에 이에 대항하던 학생운동의 PD 노선은 고전적인 사회주의 혁명, 즉 프롤레타리아에 의한 혁명을 추구하는 과격한 노선을 채택하여 상대적으로 소수파로 밀려났다(류석춘 1991).

권영길이 민주노총의 출범과 함께 제창한 '국민과 함께하는 노동운동'이라는 슬로건이 NL 노선의 특성을 잘 보여 준다. 이 슬로건으로 인해 이 노동운동 노선은 이후 '국민파'라는 이름을 얻게 되었다(하승림 2005). 권영길은 1997년 12월로 예정된 대통령선거에서 운동권의 다양한 노선을 연합한 조직 '국민승리21'의 후보로 입후보하면서 민주노총 위원장 직을 배석범 직무대행에게 넘기고 노동운동을 떠났다. 현실정치에 대한 참여를 선택한 국민파 노동운동 노선은 그러나 권영길 후보의 실망스런 득표율(1.26%)로 엄청난 좌절을 겪었다(양동안 2012: 31).

엎친 데 덮친 격으로 앞 절에서 살펴본 바와 같이 민주노총은 경제위기를 극복하기 위한 김대중 정부의 '노사정위원회'에 참여하면서 1998년 2월 8일 배석범 직무대행이 합의해 준 정리해고 수용을 놓고 엄청남 후폭풍을 겪었다. 중화학공업 노동자들이 중심이 된 합의안 비토는 단병호 비상대책위원장 체제를 거쳐 1998년 3월 민주노총 2기 위원장 선거로 이어졌다. 노사정위원회 불참으로 상징되는 현실정치 자체에 대한 부정을 기조로 강경한 투쟁, 즉 '정리해고 불가'를 노동운동의 노선으로 삼은 이갑용이 위원장으로 당선되었다.

이갑용은 권영길과는 완전히 반대의 경력을 가진 인물이다. 그는 '마창노련'과 '전노협' 등을 거치며 1987년의 노동자대투쟁 그리고 이후의 강경한 노동운동을 주도해 온 대표적 인물이다. 이른바 '골리앗' 전사로 유명한 그는 중화학공업의 대표적인 블루칼라 노동운동가로서 공식 교육은 직업훈련원을 통해 이수한 고등학교 학력이 전부였다(이갑용 2009). 그는 이른바 노동현장에서 잔뼈가 굵은 노동운동가였다. 이와 같은 특성으로 인해 강경한 노선의 노동운동은 이후 '현장파'라는 이름을 얻게 됐다(하승림 2005). 이 노선은 학생운동에서 이른바 전위적인 투쟁의 중요성을 강조하는

PD 노선과 조응하는 노동운동 노선이다.

결국 1997년의 경제위기에 대한 민주노총의 대응은 기본적으로 다음의 두 가지 노선으로 갈라지게 되었다.

우선, 현실정치에 참여하면서 타협을 강조하는 권영길로 대표되는 '국민파'의 주도적 역할이다. 이들은 권영길—배석범으로 이어지며 민주노총 지도부를 장악하고 김대중 정부의 노동시장 유연화 정책에 협조했다. 국민파의 하부조직은 중화학공업 부문 노동자들이기보다는 주로 화이트칼라 노동운동 조직이다. 예컨대 전교조, 사무노련, 보건의료노조 등이 국민파의 주력이다.

반면에 '현장파'는 국민파의 정치적 타협과 배신을 비판하며 1987년 이후의 전투적 투쟁을 현장에서 지속해야 한다는, 이갑용으로 대표되는 세력이다. 이들의 주력은 중화학공업 부문의 노동자들이 주로 속한 금속노조 조직이며, 현대차 노조가 가장 대표적이다. 권력 혹은 자본과의 대화와 타협을 용납하지 않으며 파업과 같은 전투적 투쟁을 선호한다.

그리고 이 두 세력의 중간에 이른바 '중앙파'라고 불리는 제3의 세력이 존재하고 있었다(뉴라이트전국연합 2009: 117-26, 정영태 2011: 92). 중앙파는 학생운동 노선에서 전투적인 투쟁을 중시하는 PD 계열에 가깝다. 그러나 이들은 노동현장에 뿌리를 둔 세력이 아니다. 대신 이들은 이른바 '학출'이라는 배경을 NL 노선과 공유한다. 즉, 노선으로는 PD, 그리고 인물로는 NL과 각각 가까운 세력이다.

사진 5.4 전노협 시절부터 노동운동의 중앙지도부를 형성했던 '중앙파' 3인방(왼쪽부터 단병호, 문성현, 심상정)

　노동현장의 뿌리가 없다는 측면에서 이들은 앞의 두 세력같이 특정한 산업을 중심으로 한 하부 노동조직을 갖추지 못하고 있다. 대신 이들은 NL 노선과의 인적 네트워크를 통해 일부가 정치권, 즉 국회로 진출하였다. 중앙파의 핵심 인물은 이른바 '단문심(단병호, 문성현, 심상정)'인데, 이들은 '전노협' 시절부터 노동운동의 중앙지도부에 포진하고 있었다. 바로 이 이유로 이들은 중앙파라 불리게 되었다(하승림 2005). 이 세 사람 가운데 단병호와 심상정은 2004년 총선을 통해 민주노동당 국회의원으로 변신했다. 문성현은 2012년 및 2017년 대통령선거에서 문재인 후보의 최측근 참모로 활동했고, 2017년 8월에는 노사정위원장에 취임했다. 심상정은 2017년 대통령선거에서 정의당의 대통령후보가 되었다.

5. 소결 : 기업별 노조와 '귀족' 노조 탄생의 서막

전반적으로 보아 중화학공업 노동자들은 1997년의 위기를 겪으며 이른바 '학출'들이 주도하는 '민주' 노동운동에 대한 배신감을 느끼지 않을 수 없었다. 1993년 김영삼 정부의 등장과 함께 '학출' 노동운동가들 상당수가 시민운동으로 말을 갈아타며 정치세력화, 즉 현실정치에서 권력을 추구하는 모습을 보였기 때문이다. 나아가서 그들 중 일부는 동료 노동자의 해고마저도 수용해야 한다며 김대중 정권에 협조하여 출세가도를 달렸다. 이들 중 상당수는 노동운동을 배경으로 정치권에 진입하여 국회의원이 되었다. 그렇기 때문에 중화학공업 부문의 노동자들은 '학출'이 주도하는 현실타협적인 '민주' 노동운동을 신뢰할 수 없었다(Lee 2005).

그렇다고 노동현장에서의 강경한 투쟁이 과거처럼 노동운동에 가시적인 성과를 가져다주는 것도 아니었다. 1980년대 후반부터 1990년대 중반까지 경제적 호황을 배경으로 가능했던 '최대한의 투쟁을 통한 최대한의 경제적 보상' 전략은 1997년의 위기와 함께 더 이상 유효하지 않게 되었다. 대신 그 자리에는 생존의 기로에서 허덕이는 기업, 그리고 기업의 생존에 스스로의 생존을 저당 잡힌 노동의 현실이 기다리고 있었다. 결국 1997년의 경제위기는 '민주' 노동운동 내부의 단결을 무너뜨렸고 운동노선 내부의 투쟁을 불러왔다.

동시에 중화학공업 부문의 노동자들은 자신의 생존을 위해서는 다른 사람의 희생이 필요하다는 냉혹한 현실을 깨닫게 되었다. 노동조합은 회사와 타협하지 않을 수 없었고, 조합원을 살리기 위해서는 비조합원을 차별하는 선택에 의지해야 했다. 노동자계급 전체의 단결은 멀어져 갔고, 노동조합은 기업별로 살아남아야 했다. 인수합병을 당한 기아차의 노동자는 물론이고 구조조정을 겪은 현대차의 노동자도, 고용을 보장하고 심지어는 경제위기의 한가운데에서도 임금을 상승시킨 현대중공업의 노동자를 부러워하지 않을 수 없었다.

결국 중화학공업 부문의 노동자들은 생존을 위해서 실리 위주의 노동운동으로 눈을 돌리게 되었다. 정규직 중심의 노조가 만든 보호막은 내부 노동시장의 형성으로 이어져 기업별 노조 전통을 강화했다. '민주' 노동운동이 지향한 산업별 노동조합 체제는 현대중공업의 사례에서 보았듯이 위기를 겪으며 약화되어 갔다. 그리고 그 반대급부는 경제위기의 와중에 등장하기 시작한 비정규직 노동자의 희생이었다. 정규직 노조가 쌓아 올린 고용과 소득의 보장 바깥에서 비정규직 노동자들은 아픔과 고통을 감수해야 했다. 이른바 '귀족' 노조의 등장은 이렇게 시작되었다.

설문조사로 본 중화학공업 부문 노동자의 노동조합 평가

1. 머리말
2. 중화학공업 부문 노동자의 '귀족' 노조 평가 : 2014~2015
3. 시계열 설문조사로 본 숙련노동자 기능공의 노조에 대한 평가 : 1978, 1987, 2005
4. 소결 : '귀족' 노조 맞다

사진 6.1 2015년 11월 14일 광화문의 '민중총궐기' 시위 참가 민노총 노조원들이 경찰버스를 공격하는 장면

이 장은 일부 내용이 류석춘(2017d)에 발표되었다.

1. 머리말

비정규직에 대한 차별을 방패막이로 삼아 전투적인 노동조합의 보호를 받으며 고임금과 복지혜택을 누리는 대기업 중화학공업 부문 노동자의 모습을 두고 오늘날 한편에서는 '노동귀족'이라는 용어를 동원하면서 이들을 비난하고 있는 것이 현실이다(박은호 2015). "자식에게 금수저 물려주는 대기업 귀족노조의 탐욕"이라는 제목이 붙은 한 일간지 사설이 이러한 입장을 잘 대변한다.

국내 30대 대기업 가운데 현대기아차 등 8곳이 노사 단체협약에 "정년퇴직자나 장기근속자 자녀를 우선채용한다"는 식으로 '고용세습' 조항을 두고 있다. 이 사실은 고용노동부 실태조사에서 확인됐다. 현재 청년실업률은 16년 만의 최고치로 10%에 육박하고 있다. […] 이들에게 '고용세습'만큼 분통 터지는 소식도 없을 것이다. 원래 노동운동의 출발은 힘없고 가난한 근로자들 권익을 보호하자는 것이었다. 어느 틈에 노동운동이 정치운동으로 변질하더니 이젠 노조원들 기득권을 철통같이 지키고 유지하고 대물림까지 하는 '나만 살고 보자'는 탐욕에 오염되고 말았다. 고용부 자료를 보면 2014년 제조업 분야 중소기업 월급은 239만 원이었는데 대기업 월급은 456만 원으로 거의 두 배다. 대기업 노조들은 월급 많이 받는 귀족노조 조합원 신분을 자식에게 대물림해 주겠다고 하고 있는 것이다. 법원은 2013년과 2015년 "대를 이어 일자리를 보장하는 방식은 안 된다"고

판결했다. 이에 따라 공공기관 66곳은 고용세습 조항을 삭제했지만 일부 대기업 노조가 여전히 문제 조항을 갖고 있는 것이다. (『조선일보』2016. 3. 4)

그러나 동시에 다른 한편에서는, 진정한 불평등은 노동자와 기업주 즉 자본가 사이에 존재할 뿐, 중화학공업 부문 대기업 노동자가 누리는 약간의 보상을 두고 '노동귀족'이라고까지 비난하는 것은 자본이 만들어 낸 논리의 함정에 빠져드는 결과를 가져온다는 다음과 같은 반대의견도 있다.

노동자들 사이에 임금과 노동조건의 차이가 있는 건 사실이다. 대기업 정규직 노동자에 대면 중소기업·비정규직 노동자의 임금·노동조건이 절반밖에 안 되는 경우도 있다. 그러나 이런 차이가 실개울이라면, 기업주와 노동자(계급 간)의 차이는 태평양이다. [⋯] 진정한 불평등은 바로 기업주와 노동자 사이에 있다. 노동계급의 정의를 바로 세우려면, 내부의 차이를 강조할 게 아니라 노동계급이 단결해 자본가계급에 맞서야 하는 것이다. 노동귀족론은 이쯤에서 또 독사의 혓바닥을 내민다. '대기업 정규직 이기주의' 때문에 노동계급 내부 격차가 커지고 있다는 것이다. 따라서 대기업·정규직이 양보·자제해야 한다고 말한다. [⋯] 그런데 중소기업중앙회가 올해 발표한 자료를 보면, 2011년 중소기업의 1인당 부가가치 생산성은 대기업의 29.1퍼센트에 불과하다. 반면 임금은 대기업의 약 62퍼센트다. 임금 격차보다 생산성 격차가 더 큰 것은 오히려 대기업 노동자가 기업주들에게 더 많이 착취당한다는 것을 보여 준다. 노동귀족론은 이런 현실을 가리는 구실도 한다. (김문성 2013)

과연 어느 입장이 옳은가? 이 쟁점에 대한 평가의 근거를 찾는한 가지 방법으로 중화학공업 부문 기능공 출신 노동자들이 이른바 '노동귀족'을 어떻게 생각하는지를 알아보는 인터뷰를 수행했다.

면접 대상 노동자들은 중화학공업화가 시작된 1972년부터 노동자대투쟁이 벌어진 1987년까지 공업고등학교 혹은 직업훈련원을마치고 노동시장에 진입한 사람들로서, 2015년 현재 대한민국 중공업 분야에서 가장 핵심적인 세 개의 대기업, 즉 현대중공업, 현대위아, 두산중공업에 각각 근무하는 생산직 직원들이다. 이들은 2015년 현재 나이가 40대 중반부터 50대 후반까지이며, 대부분 해당 회사의 전문 분야에서 최고의 기술을 가진 고참 생산직 직원에속한다.

현대중공업은 1997년 위기에도 불구하고 인위적 구조조정을 전혀 시도하지 않은 기업으로, 1995년부터 2013년까지 18년간 무분규 노사관계를 자랑해 온 기업이다. 따라서 인터뷰 대상은 모두 실직의 위협을 전혀 겪은 바 없이 같은 회사에서 30년 남짓 장기근속한 사람들이다.

반면에, 현대위아는 1997년 위기 당시 기아기공을 인수·합병한기업이다. 현대중공업 조사 대상과 정반대의 상황, 즉 실직의 불안을 겪어 본 경험에 주목하기 위해 현대위아 인터뷰 대상은 인수합병을 통해 입사한 기아기공 출신들로만 구성했다.

마찬가지 이유로 두산중공업의 인터뷰 대상도 1997년 위기 당시 두산중공업에 인수합병을 당한 대우중공업 출신들로만 구성했다.

최종 샘플은 현대중공업 생산직 20명, 그리고 기아기공 출신의 현대위아 생산직 10명 및 대우중공업 출신의 두산중공업 생산직 9명으로 구성되었다. 대우중공업 출신의 두산중공업 생산직 근로자 인터뷰 대상도 10명으로 계획했으나, 조건에 맞는 사람을 9명밖에 찾을 수 없었다. 따라서 총 39명의 인터뷰 대상 가운데 대략 절반은 실직의 위협을 겪지 않은 사람들이고, 나머지 절반은 실직의 위협을 겪으며 회사가 인수합병을 당해 직장을 옮긴 사람들이다.

2. 중화학공업 부문 노동자의 '귀족노조' 평가: 2014~2015

이들을 대상으로 **부록 5**에 제시된 구조화된 설문지를 사용하여 나이, 입사연도(근속연수), 회사로부터 받는 현재의 연간 총수입(본봉, 수당, 보너스 포함), 주관적 소속계급 및 주관적 소속계층 등의 기본적인 인구·사회·경제적 배경을 조사했다. 주관적 소속계급을 알아보기 위한 문항은 '지금 현재 스스로가 노동계급, 중간계급, 상류

계급 가운데 어느 계급에 속한다고 생각하십니까?'이고, 주관적 소속계층을 알아보는 문항은 '우리 사회의 계층을 상, 중의 상, 중의 중, 중의 하, 하의 5단계로 구분할 때 어디에 속한다고 생각하십니까?'이다.

이에 더해, 1997년 위기 당시 겪었던 회사 및 본인의 상황과 노사문제에 대한 견해는 물론, 그러한 견해가 지금까지도 유지되고 있는지 혹은 변화했는지, 나아가서 이른바 '노동귀족'에 대한 의견을 개방형 질문으로 다음과 같이 물었다.

첫째, IMF사태로 회사에 어떤 변화가 있었습니까?

둘째, IMF사태로 귀하에게는 어떤 변화나 타격이 있었습니까?

셋째, IMF사태 이후 노사문제에 관한 견해에 변화가 있었습니까?

넷째, 소위 '노동귀족'이라고 불리는 오늘의 대기업 중심 노조에 대한 견해는 무엇입니까?

현대중공업 면접은 2015년 1월과 2월, 현대위아 면접은 2014년 7월, 그리고 두산중공업 면접은 2014년 8월에 각각 이루어졌다. 이들의 명단 및 기본적인 배경에 관한 자료는 **부록 6**(현대중공업), **7**(기아기공→현대위아), **8**(대우중공업→두산중공업)에 각각 제시되어 있다.

표 6.1은 이렇게 조사한 39명의 기본 배경을 종합적으로 정리한 결과다. 앞서 설명한 이유로 이들은 나이가 많고(평균 55.2세), 회사에 재직한 근속기간이 길다(평균 34.3년). 참고로 2015년 통계청이

발표한 한국 근로자 전체의 평균근속기간은 5년 8개월에 불과하다. 물론 이를 정규직과 비정규직으로 구분하면, 정규직의 평균근속기간이 7년 3개월로 비정규직의 평균근속기간 2년 5개월에 비해 약 3배 정도 길다. 그렇더라도 여전히 이들 인터뷰 대상은 우리나라 정규직의 평균근속기간을 끌어올리는 매우 극단적인 경우들이라 하지 않을 수 없다.

또한 조사 대상자들이 회사로부터 받는 현재의 연간 수입도 상

표 6.1 3개 회사 인터뷰 대상자의 배경적 특성 종합(N=39)

회사 (명)	평균나이 (세)	평균근속연수 (년)	평균연봉 (만 원)	주관적 계급*(명)	주관적 계층**(명)
현대중공업 (20)	56.3	35.5	8,375	중간 (13) 노동 (3) 무응답 (4)	중상 (1) 중중 (14) 중하 (4) 무응답 (1)
현대위아 (10)	55.0	32.9	8,670	중간 (8) 노동 (1) 무응답 (1)	중상 (3) 중중 (5) 중하 (1) 하 (1)
두산중공업 (9)	53.0	33.1	7,080	중간 (3) 노동 (4) 무응답 (2)	중중 (1) 중하 (7) 무응답 (1)
합계 (39)	55.2	34.3	8,152	중간 (24) 노동 (8) 무응답 (7)	중상 (4) 중중 (20) 중하 (12) 하 (1) 무응답 (2)

* 3범주(노동계급, 중간계급, 상층계급)
** 5단계(상, 중상, 중중, 중하, 하)

당하다(평균연봉 8,152만 원). 2015년 통계청이 발표한 한국 임금근로자의 월평균임금은 231만원이다(통계청 2015b: 15). 물론 이를 정규직과 비정규직으로 구분하면 정규직 271만 원, 그리고 비정규직은 147만 원으로 나뉜다. 이를 연간 수입, 즉 연봉으로 환산하면 근로자 전체의 평균은 2,777만 원이다. 이는 다시 정규직 평균연봉 3,256만 원, 그리고 비정규직 평균연봉 1,760만 원으로 나뉜다. 따라서 조사 대상자들은 2015년 현재 한국 정규직 근로자의 평균연봉의 2.5배 되는 보수를 평균적으로 받고 있음을 알 수 있다.

굳이 회사 간의 상황을 비교하면, 나이나 근속기간에서는 별 차이가 없는 반면, 보수에서는 상대적인 차이가 존재한다. 현대위아 및 현대중공업은 스스로 밝힌 연봉이 8,500만 원 내외인 데 반해, 두산중공업은 7천만 원대 초반이기 때문이다. 이들이 누리는 높은 보수는 물론이고, 표에서는 드러나지 않는 장기근속에 따른 각종 혜택, 예컨대 회사의 주거자금이나 학자금 지원, 나아가서 의료혜택은 물론 성과에 따른 스톡옵션 등의 제공으로 이들은 스스로를 노동계급이라기보다는 중간계급으로 생각하는 경향이 매우 높다. 무응답 7명을 제외한 32명의 응답자 가운데 스스로를 '노동계급'이라고 생각하는 사람은 8명뿐이고, 나머지 24명은 자신들이 '중간계급'에 속한다고 응답하고 있기 때문이다.

이러한 중간계급 지향성은 주관적 소속계층을 밝힌 결과에서 더욱 강화된다. 소속계층을 5단계, 즉 '상, 중상, 중중, 중하, 하'로 구분한 설문에 무응답은 단 두 사람뿐이었다.[1] 응답한 37명 가운데 스스로를 '하층'이라고 밝힌 사람은 단 한 사람이었다. 나머지 36명은 모두 중간계층에 속한다고 답했다. 이들은 다시 '중상' 4명, '중중' 20명, '중하' 12명으로 나누어진다. '중중'이 절대다수이며, '중상'보다는 '중하' 계층으로 생각하는 사람이 상대적으로 많다. 종합적으로 보면 응답자의 절대다수는 스스로를 중간계층, 특히 '중중'으로 생각하고 있음을 알 수 있다.

1997년 경제위기 상황에서 회사와 본인이 겪은 경험을 묻는 개방형 질문에는 예상한 바와 같이 인수합병을 당한 기업 출신의 응답자들, 즉 기아기공 출신의 현대위아 응답자 그리고 대우중공업 출신의 두산중공업 응답자들 사이에서 실직의 두려움을 겪었다고 답하는 응답자가 많았다. 예컨대 현대위아 응답자 HW1, HW2, HW6, HW7, HW9, HW10 등은 구조조정에 따른 동료·선배들의 퇴사를 보면서 자신의 실직 가능성을 생각하고 불안해 했으며, 가정생활에도 어려움이 가중되어 근검절약하지 않을 수 없었다고 답했다. 특히 HW7은 '일시적인 휴직으로 인해 적금을 해약하는 등 경제적으로 위축된 생활을 했다'고 응답했다. 또한 두산중공업 응답자 DH2, DH3, DH4, DH6, DH8 등도 인수합병과 구조조정에 따른 인원 감축과 임금동결을 겪으며 불안했다고 진술했다. 예컨대 DH8은 '임금삭감으로 경제적 어려움이 가중되었다'고 답했다.

---

1 아마도 소속한 계급을 밝히는 것보다는 소속한 계층을 밝히는 것이 한국인들에게 심리적 저항을 덜 가지게 해 주기 때문인 것으로 짐작된다(홍두승 2005).

이와 반대로 현대중공업 응답자들은 거의 모두가 국가적 위기에도 불구하고 회사나 본인들 모두 큰 변화를 겪지 않았다고 답했다. 예컨대 HH1은 '창업자의 준비 덕택에 별 어려움이 없었다'고 답했으며, HH11은 '나라 전체가 부도라는데 우리 회사는 아무 일 없어 정말로 고마움을 느꼈다'고 답했다. 심지어 HH13은 위기 당시 국가의 고금리정책으로 '금융이자소득이 컸다'는 응답을 하기도 했다. 예상한 바이기는 했지만, 이들에게는 1997년 위기 당시 인수합병을 당한 기업의 근로자들이 겪었던 실업의 위협과 그에 따른 고통을 전혀 찾아볼 수 없었다. 가장 인상적인 대답은 '금모으기 동참 후 시간이 지나서 보니 서민만 동참한 거 같아 아쉬웠다. 나라를 위해서는 온 국민이 참여했어야 했다'는 도덕적 비판이었다.

그렇다면 1997년의 위기를 겪으며 이들은 그동안 관행적으로 반복되어 온 노사쟁의에 대하여 새로운 견해를 가지게 되었는가? 만약 변화를 겪었다면 그것은 어떠한 방향으로의 변화를 보여 주는가? 민감한 질문이었기 때문인지 무응답이 전체의 절반 정도를 차지했다. 그리고 응답을 한 경우, 큰 변화를 겪지 않았다는 응답이 다시 절반가량 됐다. 특히 경제위기 당시부터 노사 간에 무분규 기록을 이어 간 현대중공업 응답자들은 노사문제에 대한 견해에 별다른 변화가 없었다고 응답하는 경향이 높았다.

그러나 현대중공업 일부 응답자는 앞으로 노사가 상생을 해야 하며, 회사의 발전을 중시해야 한다고 답하기도 했다. 예컨대 HH11은 '서로 상생해야 하고 우리 회사가 잘되어야 한다'고 답했으며, HH18은 '합리적 노조 집행부는 노사가 협조적이어야 한다' 고 응답했다.

이에 반해 인수합병을 당하면서 실업의 위협을 느꼈던 기아기공 출신과 대우중공업 출신의 응답자는 노사가 상생하고 회사가 잘되는 방향으로 노사관계의 개선이 이루어져야 한다는 답변이 주를 이루었다. 예컨대 DH1은 노사문제에 '회사가 잘되어야 한다는 생각을 우선으로 하게 됐다'고 답했으며, DH4는 '노조의 눈높이 변화가 필요하다. 즉, 임금인상보다는 복지 확대로 가야 한다'고 응답했고, DH7도 '회사와 노조의 상생이 필요하다'고 답했다. 한편, HW1은 '열심히 하고 능력 있는 사람이 대우받는 시스템으로 가야 한다. 꼭 같이 나눠먹는 해법은 문제다'라며 매우 신랄하게 기존의 노사 관행을 비판했다. 또한 HW2도 '상생', HW4는 '함께 미래를 준비하는 노사문화', HW8은 '노사의 안정과 화합', HW9는 '동반 성장'을 각각 강조하면서 노사관계의 바람직한 변화 방향을 제시했다.

마지막으로 이른바 '귀족' 노조에 관한 답변을 정리할 차례다. 이 질문에 관해서는 세 회사의 응답자 간에 뚜렷한 차이점을 찾지 못했다. 다시 말해, 실업의 위협에 노출당한 경험의 유무가 이 쟁점에 대한 의견의 차이를 만들지는 않았다. 또한 전체적으로 보아 약 15명 정도의 무응답이 있었는데, 그 분포 또한 소속 기업별로 차이가 없었다. 그러나 응답을 한 경우 대부분은 이른바 '노동귀족'의 모습을 보이는 대기업 노조의 행태에 대해 상당히 비판적이었다. 비판적 응답자의 수는 현대중공업 9명, 두산중공업 5명, 현대위아 5명으로 각각 전체 응답자의 절반가량을 차지하고 있다.

현대중공업 응답자들의 경우를 먼저 살펴보자. HH1은 '도덕심이 부족한 집행부는 대중으로부터 불신받는다'고 응답했고, HH3은 '귀족노조라는 용어에 동의한다'고 했으며, HH5는 '노동귀족은 사회적이고 시대적인 산물로 이제는 바뀌어야 한다'고, HH8은 오늘날 '노동조합은 기업의 생산활동을 위축시키는 중요 요인이며 노조의 과도한 간섭은 스스로의 명분을 위한 것일 뿐 조합원의 실리를 우선적으로 고려하지 못한다'고, HH9는 '보편적 인권을 중심으로 활동하기보다는 사업자와 노조 지도부의 이익을 추구하는 편중된 세력'이라고, HH11은 대기업 '노동조합이 임금과 기득권을 양보해야 할 필요가 있다'고, HH12는 '노조 지도부의 생각이 바뀌어야 한다'고, HH17은 '노조 지도부가 스스로를 위한 노동운동만 한다'고, HH20은 '노조는 회사와 동반성장하기 위한 노력이 필요하고 따라서 일부 활동에 제약을 두어야 할 것'이라고 답했다.

다음은 두산중공업 응답자들의 답변을 살펴보자. DH1은 '열악한 중소기업 및 비정규직에 대한 배려가 필요하다'고, DH4는 '노조 지도부가 철밥통이라 불리는데 한편으로 부럽다'는 매우 솔직한 응답을, DH6은 '노동귀족은 일부 대기업에서만 나타나는 신성화된 현상'이라고 냉소적으로 답했으며, DH7은 '노조가 누리는 특혜에 대해 경계가 필요하다'고, DH8은 '대기업 노조가 요구하는 만큼 충실한가'라고 반문하며 '도덕적 해이를 경계해야 한다'고 답했다.

마지막으로 현대위아 응답자들의 반응을 정리해 보자. HW1은 이른바 귀족노조에 대해 '현재 노조는 잘하나 못하나 꼭 같이 분배하는 문제'를 안고 있다고 지적했고, HW2는 ''80, 90년대는 물리력으로 요구를 생취했지만, IMF 경제위기 이후에는 상생을 해야 한다'고, HW4는 '노동귀족 문제는 적극적인 개선이 필요하다'고, HW8은 '대기업 노조만 특혜를 볼 것이 아니라 중소기업에도 특혜가 가야 한다'고, HW10은 '대기업 노조는 자기중심적인 개인주의적 생각을 버려야 한다'고 답했다.

따라서 이른바 '노동귀족'에 대한 응답자들의 전반적인 반응은 회사와 상생하는 동시에 다른 중소기업의 동료들이나 비정규직 근로자들에 대한 배려가 필요하다는 성찰적인 모습이었다.

그러나 소수의견이지만 '노동귀족'이란 용어는 자본의 논리가 만들어 낸 허상일 뿐이라는 의견에 동조하는 답변도 있었다. 전체 39명의 응답자 가운데 4명이 이런 방향의 반응을 보였다. HH2는 '노동귀족'이라는 용어의 사용을 비판하면서 '대기업 노동자들에 대해 아는 것이 정확히 있는가 묻고 싶다'는 반응을 보였고, DH3은 '귀족은 무슨 귀족? 언론의 농간'이라고 답했고, HW5는 '노동귀족이라는 용어 자체를 부정한다'고 했으며, HW7은 '학교 졸업 후 현장에서 계속 근무하면서 그 정도 대우를 받는 것은 문제가 없다. 대기업 노조를 비방하기 위해 만들어진 자본의 논리'라고 답변했다. 이렇듯 '귀족노조'에 대한 평가는 중화학공업 노동자 내부에서도 엇갈렸다. 그러나 전반적인 의견은 성찰적인 분위기에서 자기반성이 필요하다는 평가라고 요약할 수 있다.

3. 시계열 설문조사로 본 숙련노동자 기능공의 노조에 대한 평가: 1978, 1987, 2005

그렇다면 오늘날 '노동귀족'이라는 비판에 성찰적인 모습을 보이는 중화학공업 부문의 노동자들이 과거에는 노동조합에 대해 어떠한 의식을 가지고 있었을까?

이들의 노동시장 진입은 1970년대 중반부터 시작된다. 노동시장에 처음 진입했을 때 이들은 '숙련공'이라기보다는 '기능공' 혹은 '직공'이라는 범주, 즉 숙련공보다 낮은 범주의 직업군으로 출발하였다. 그리고 이들은 1987년의 노동자대투쟁을 주도하며, 마산·창원·울산 등의 중화학공업 지역에 분포한 거의 모든 대규모 공장에 이른바 '민주' 노동조합을 만들었다. 이후 이들은 '최대한의 투쟁을 통한 최대한의 경제적 보상'이라는 전략을 구사하며 전투적인 노동운동을 지속하는 노동조합의 보호를 받아 왔다(임영일 1999: 40-41).

그러나 1997년의 경제위기는 이들로 하여금 노동조합이 자신들의 직장을 보장해 줄 수 없으며, 기업의 생존과 발전이 노조만큼, 혹은 노조보다 더 중요한 스스로의 생존조건임을 깨닫게 되었다.

이 과정에서 노동조합과 노동운동을 지원하던 이른바 '학출'의 배신도 그러한 실리 중심의 선택에 큰 영향을 미쳤다.

여기에서는 이들이 노동조합에 대해 가지고 있던 생각과 기대가 구체적으로 어떻게 변화하여 왔는가를 서베이 자료를 중심으로 추적해 보고자 한다. 분석에 사용한 서베이 자료는 모두 한국사회과학자료원이 공개한 자료다. 공개된 수많은 자료 가운데 분석의 대상인 중화학공업 부문 노동자들이 성장하는 과정에서 개인적으로나 국가적으로 중요한 사건이 발생한 시점의 자료를 우선적으로 찾았다.

먼저, 기술교육 후 노동시장 진입이 초보적인 수준에서 진행된 1970년대의 상황을 확인할 필요가 있다. 그래서 1970년대 중화학공업 정책이 어느 정도 자리를 잡은 1978년의 서베이 자료를 골랐다. 다음, 노동자대투쟁이 발생한 해인 1987년 서베이 자료를 빼놓을 수 없어 포함시켰다. 그리고 마지막으로 1997년의 경제위기 이후 비정규직과의 격차가 심화되기 시작하는 2000년대의 상황을 확인하기 위해 지금으로부터 10여 년 전인 2005년의 자료를 선택했다. 이들 세 시점의 자료들을 비교 검토하면서 중화학공업 부문의 노동자들이 노조에 대해 보여 준 의식의 변화를 장기적인 안목에서 살펴보기로 한다.

우선 살펴볼 자료는 1978년 서울대학교 사회과학연구소가 수행한 "한국 노동자와 관리자의 직업의식과 노사정책에 관한 조사"이다(자료번호 A1-1978-0001). 이 서베이는 전국에 있는 기업체의 노무직 근로자와 사무직 종사자를 대상으로 우편 설문조사를 한 결과 총 984명이 표본으로 뽑혔다. 그 가운데는 '노동조합의 필요성'과 '노동조합의 활동에 대한 평가'를 묻는 다음과 같은 두 가지 문항이 있다.

하나는 '이 직장 사원들의 복지를 위해서 노동조합의 필요성은 어느 정도라고 보십니까?'라고 물었고, 응답으로는 다음의 5가지 선택을 주었다.

1) 전혀 필요 없다

2) 별로 필요 없다

3) 있어도 그만이고 없어도 그만이다

4) 어느 정도 필요하다

5) 매우 필요하다

분석의 편의상 응답의 범주를 단순화하기 위해 '전혀 필요없다' 및 '별로 필요 없다'를 합쳐 '필요 없는 편'으로, '어느 정도 필요하다' 및 '매우 필요하다'를 합쳐 '필요한 편'으로 재구성했다.

다른 하나는 '현재 선생님께서 가입해 계시거나 가입해 있지는 않지만 흔히 보시는 노동조합에 대해서 어떻게 생각하십니까?'라는 질문이었고, 그에 대한 응답으로 다음의 세 가지 선택을 주었다.

1) 근로자의 임금 및 근로조건 등을 개선하기 위하여 조직되고 또한 노력하는 단체이다

2) 조합 간부나 고용주에게 이익이 될 뿐 근로자에게는 별로 이익이 되지 못하고 있다

3) 무엇을 히고 있는 단체인지 잘 모르겠다

아래 **표 6.2** 및 **6.3**은 이 두 문항에 대한 응답 결과를 보여 준다. 자료가 누락된 경우를 제외하고, 두 문항 모두 응답자의 직업에 따른 교차표 분석을 시도하였다. 왜냐하면 직업이라는 배경 변수가 중화학공업 부문의 노동자들을 구분해 줄 수 있기 때문이다.

1978년의 자료를 분석함에 있어 주의해야 할 사항은 중화학공업 부문의 노동자들이 당시는 '숙련공'이기보다는 '직공'으로 분류되었을 가능성이 높다는 사실이다. 왜냐하면 이들은 1978년 당시 대부분 노동시장에 갓 진입한 상황으로 경력이 최대 5년 혹은 그보다 짧은 상황이었기 때문이다. 따라서 당시 서베이에서 이들을 '숙련공'으로 분류하지는 않았을 것으로 판단된다.

표 6.2 및 **6.3**은 당시 모든 직업군에서 노동조합이 필요하다고 생각하며, 또 노동조합의 활동이 근로자에게 도움이 된다고 인식하고 있음을 분명히 보여 준다. 전체 응답자의 62퍼센트가 노동조합이 필요하고, 또한 전체 응답자의 53퍼센트가 노동조합의 활동이 근로자에게 도움이 된다고 답하고 있기 때문이다. 또한 그러한 경향이 '직공', 즉 당시 중화학 부문의 노동자들에게서 가장 높게

나타난다는 사실을 주목할 필요가 있다. 이들의 70퍼센트가 노동조합이 필요하고, 또한 61퍼센트가 노조의 활동이 근로자에게 도움이 된다고 보고 있기 때문이다. 다시 말해 이들은 전체 응답자의 평균보다 높은 수준에서 노동조합에 대한 기대를 보여 주고 있었다. 그러므로 1970년대 후반 중화학공업 부문의 노동자들은 노

표 6.2 1978년 노동조합의 필요성에 대한 의견

단위: N(%)

구분 (직업)	노동조합 필요성			
	필요한 편*	보통	불필요한 편**	합계
서비스/사무직	147(58.3)	58(23.0)	47(18.6)	252(100.0)
직공	197(70.1)	45(16.0)	39(13.9)	281(100.0)
숙련공	122(62.2)	33(16.8)	41(20.9)	196(100.0)
전문/관리직	111(54.7)	47(23.2)	45(22.2)	203(100.0)
계	577(61.9)	183(19.6)	172(18.4)	932(100.0)

* '매우 필요' '필요' 합침
** '불필요' '매우 불필요' 합침

표 6.3 1978년 노동조합에 대한 의견

단위: N(%)

구분 (직업)	노동조합에 대한 의견			
	근로자의 임금, 근로조건을 개선 하기 위해 노력 하는 단체이다	근로자에게는 별로 이익이 되 지 못하고 있다	무엇을 하고 있 는 단체인지 잘 모르겠다	합계
서비스/사무직	116(48.1)	80(33.2)	45(18.7)	241(100.0)
직공	173(61.1)	81(28.6)	29(10.2)	283(100.0)
숙련공	101(53.4)	69(36.5)	19(10.1)	189(100.0)
전문/관리직	97(47.8)	68(33.5)	38(18.7)	203(100.0)
계	487(53.2)	298(32.5)	131(14.3)	916(100.0)

동조합에 대해 매우 우호적인 생각을 하고 있다고 확신할 수 있다. 그리고 이는 당시의 정부가 노동조합의 활동을 억제하는 방향으로 정책을 펴고 있었기 때문에, 젊은 노동자들로서 가질 수 있는 당연한 기대라고 평가할 수 있다.

다음으로 선택된 서베이 자료는 노동자대투쟁이 발생한 해인 1987년 자료다. 이 해 서울대학교 사회과학연구소가 수행한 "한국의 노사관계 및 직업윤리 조사, 근로자" 자료다(자료번호 A1-1987-0008). 이 서베이는 경공업 집중지역인 경인지역(서울, 부천, 인천, 안양, 성남), 중화학공업이 들어선 당시 최신 공단지역(창원), 그리고 광산지역(영월)에 근무하는 생산직 및 사무직 근로자를 대상으로 전체 1,667명의 표본을 확보하고 있다.

이 서베이에는 직장 내 노동조합의 필요성에 관한 의견을 물어보는 '임금과 근로조건의 향상, 고충의 처리, 인격적 대우 등을 위하여 노동조합이 어느 정도 필요하다고 생각하십니까?'라는 문항이 있다. 응답으로는 다음의 네 가지 선택이 주어졌다.

1) 전혀 필요 없다
2) 별로 필요 없다
3) 어느 정도 필요하다
4) 꼭 필요하다

역시 응답의 범주를 단순화하기 위해 '전혀 필요 없다' 및 '별로 필요 없다'를 합쳐 '필요한 편'으로, 또한 '어느 정도 필요하다' 및 '매우 필요하다'를 합쳐 '필요한 편'으로 재구성했다. 아래 표 6.4 는 이 문항에 대한 응답 결과를 보여 준다. 자료가 누락된 경우는 분석에서 제외했으며, 앞에서와 마찬가지로 직업에 대해 교차분석 을 실시했다.

이 표는 '노동자대투쟁'이 진행되던 1987년의 상황을 잘 대변 하고 있다. 전체 응답자의 91퍼센트가 직장 내 노동조합이 필요하 다고 답하고 있기 때문이다. 또한 이러한 경향은 응답자의 직업을 구분하여도 전혀 변동이 없다. 모든 직업군에서 90퍼센트 내외의 수준으로 노동조합의 필요성을 인식하고 있기 때문이다. 1987년 전후로 기능공이었거나 혹은 경우에 따라 숙련공으로 경력을 상 승시킨 당시 중화학공업 부문의 노동자들도 물론 전혀 예외가 아

표 6.4 1987년 직장 내 노동조합의 필요성에 대한 의견

단위: N(%)

구 분 (직업)	직장 내 노동조합의 필요성		
	필요한 편*	불필요한 편**	계
단순근로자	312(92.0)	27 (8.0)	339(100.0)
기능공	356(89.0)	44(11.0)	400(100.0)
숙련공	187(91.2)	18 (8.8)	205(100.0)
사무직	532(91.7)	48 (8.3)	580(100.0)
계	1,317(91.0)	137 (8.9)	1,524(100.0)

* '어느 정도 필요하다' '꼭 필요하다' 합침
** '전혀 필요 없다' '별로 필요 없다' 합침

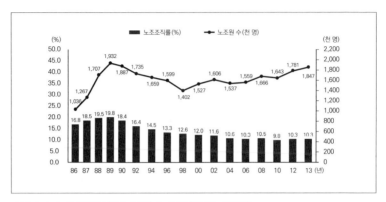

그림 6.1 노조조직률 및 노조원 수 추이(1986~2013)
고용노동부 '전국 노동조합 조직 현황'(2015. 10. 7 접근)

니었다.

앞에서 설명하였듯이 바로 이들이 마산·창원·울산에서의 노동
운동을 주도해 나갔고, 그 결과 **그림 6.1**이 보여 주듯이 우리나라
의 노조조직률은 1987년 노동자대투쟁 이후 2년 만인 1989년 19.8
퍼센트까지 상승하면서 정점을 찍었다. 그러나 노조조직률은 그
이후 지속적으로 하강하여 2013년 현재 10.3퍼센트로 추락하였다.
그림에서 보듯이 1998년 이후, 즉 경제위기 이후 노동조합원 수의
지속적인 증가에도 불구하고 노조노직률은 지속적으로 하강하고
있다. 그 이유는 노조에 가입하지 못하는 비정규직 일자리의 증가
때문으로 짐작된다.

마지막으로 선택된 자료는 2005년 성균관대학교 동아시아학술
원 서베이리서치센터가 수행한 '한국종합사회조사 2005'이다(자

료번호 A1-2005-0001). 이 서베이는 전국에 있는 18세 이상의 성인 남녀를 대상으로 면접조사를 수행하여 1,613명의 표본을 확보하고 있다.

2005년 수행된 이 서베이는 다음과 같은 맥락에서 주목할 필요가 있다. 2005년은 1997년에 시작된 경제위기의 여파로 한편으로는 비정규직 문제가 사회갈등의 최대 쟁점으로 떠오른 상황이고, 다른 한편으로는 '노동귀족'이라는 용어가 미디어를 통해 유포되기 시작하는 때이기 때문이다.

이러한 상황을 반영하듯 이 서베이에는 '귀하는 한국의 노동조합 활동이 어느 정도 강경 혹은 온건하다고 생각하십니까?'라는 질문이 포함되어 있다. 응답은 다음의 5가지 선택을 주었다.

1) 매우 강경하다
2) 다소 강경하다
3) 강경하지도 온건하지도 않다
4) 다소 온건하다
5) 매우 온건하다

역시 '매우 강경하다' 및 '다소 강경하다'를 합쳐 '강경한 편'으로, '다소 온건하다' 및 '매우 온건하다'를 합쳐 '온건한 편'으로 재구성했다. 표 6.5는 이 문항에 대한 응답 결과를 보여 준다. 앞의 경우와 마찬가지로 자료가 누락된 경우는 분석에서 제외하였고,

직업을 기준으로 교차분석을 하였다.

이 서베이는 직업을 구분하는 기준이 앞서 살펴 본 서베이들과 다소 다르다. '관리직/전문직' 및 '서비스판매직'이 추가되었고, 과거에 '숙련공'에 해당하던 범주를 '기능직/조립직'이라는 범주로 바꾸었기 때문이다. 그럼에도 불구하고 이 교차표는 직업의 범주와 상관없이 전반적으로 응답자들이 노조의 활동을 강경하다고 생각하는 경향이 매우 높다는 사실을 잘 보여 준다. 전체 응답자의 약 69퍼센트가 강경하다고 평가하고 있다.

한편, 이러한 경향은 직업별로 약간의 차이를 보인다. 예컨대 노동조합 활동의 대상이 되는 직업범주인 '관리직/전문직'은 강경하다고 생각하는 비율이 상대적으로 높고(74%), 노동조합 활동의 당사자들 직업범주인 '기능직/조립직'은 강경하다고 생각하는 비율이 상대적으로 낮다(65%). 그럼에도 불구하고 노동조합 활동의 당

표 6.5 2005년 한국 노동조합 활동의 강경성 평가

단위: N(%)

구 분 (직업)	한국 노조활동의 강경성			
	강경한 편*	중립	온건한 편**	계
관리직/전문직	260(73.5)	68(19.2)	26(7.4)	354(100.0)
사무직/준전문직	237(67.3)	89(25.3)	26(7.4)	352(100.0)
서비스판매직	168(66.2)	48(19.4)	31(12.6)	247(100.0)
기능직/조립직	128(64.9)	42(21.3)	27(13.7)	197(100.0)
단순노무직	60(24.4)	18(20.9)	8(9.3)	86(100.0)
계	853(69.0)	265(21.4)	118(9.5)	1,236(100.0)

* '매우 강경하다' '다소 강경하다' 합침
** '매우 온건하다' '다소 온건하다' 합침

사자들마저도 노동조합 활동이 강경하다고 생각하는 비율이 65퍼센트나 된다는 사실은 주목하지 않을 수 없다. 왜냐하면 바로 이러한 상황이 누적되면서 '노동귀족'이라는 사회적 비난 여론이 등장하여 힘을 얻게 되었기 때문이다.

4. 소결 : '귀족' 노조 맞다

1970년대 및 1980년대 기능공으로 기술훈련을 받고 노동시장에 진입해 오늘날 대한민국 최고의 경쟁력을 가진 중화학공업 분야의 대기업에서 고참 숙련노동자로 재직하고 있는 응답자들이 가지고 있는 의식을 종합적으로 정리하면 다음과 같다.

이들의 대다수는 중화학공업 분야의 대기업 노동조합이 '귀족' 노조라고 불리는 현실을 적극적으로 성찰하고 있다. 이들은 노동조합이 회사와의 상생은 물론 중소기업의 동료 노동자, 나아가서 비정규직 노동자에 대한 배려를 외면해선 안 된다고 생각하고 있다. 이러한 의견은 1997년 위기 때 소속한 회사가 망해 본 경험이 있건 없건 마찬가지로 표출되었다.

그러나 이들은 자신들이 노동시장에 갓 진입한 1978년을 전후해서는 전혀 다른 의견을 가지고 있었다. 이들의 대다수는 노동조합이 근로자의 임금이나 근로조건을 개선하는 조직으로 필요하다고 생각하였다. 그리고 이러한 의식은 1987년 노동자대투쟁을 전후해서 최고조에 이르렀다. 그러나 1997년 외환위기를 겪은 이후 2005년이 되면 이들의 대다수는 노동조합이 지나치게 강경한 투쟁을 이끌고 있어 문제라고 보고 있다. 대기업 노동조합이 조직과 자금을 이용해 강성투쟁 일변도의 노동운동을 펼쳐 나가는 행태에 노조원들 스스로가 지나치다는 평가를 하고 있기 때문이다. 다시 말해, '귀족' 노조라는 노조 바깥의 비판이 전혀 근거 없는 것이 아님을 면접조사는 말하고 있다.

박정희는 노동자를 착취하지 않았다

1. 한계노동생산성과 임금상승 :
   시계열 통계자료 (1963~1999)

2. 박정희와 대기업 '귀족' 노조 :
   노동보국 (勞動報國)이 필요하다

사진 7.1 2015년 9월 7일, 귀족노조의 고용세습을 규탄하는 대학생단체 대표

사진 7.2 서소문 민노총 빌딩 앞에서 귀족노조의 '갑질' 및 '철밥통'을 규탄하는 청년·대학생 단체

1. 한계노동생산성과 임금상승 : 시계열 통계자료 (1963~1999)

앞서 제시한 현대중공업 노동자의 계층상승에 대한 분석 결과를 두고 여전히 일부 독자는 매우 제한적인 분야의 특수한 사례일 뿐이라고 평가절하할지도 모른다. 실제로 현대중공업은 중화학공업화정책에 따라 탄생하여 오늘날 세계적 경쟁력을 갖춘 대표적 기업에 속한다. 비록 조선업의 국제적 여건 변화, 그리고 노사관계의 악화 때문에 2017년 현재 심각한 구조조정의 아픔을 겪고는 있지만, 분명 현대중공업은 당시 출발한 기업 가운데 가장 성공한 기업 가운데 하나다.

그렇다면 다른 경우는 어떤가? 이를 확인하기 위해 하나하나의 기업에서 일하는 노동자들을 대상으로 앞에서와 같은 분석을 또다시 반복할 필요는 없다. 왜냐하면 노동자 집단 전체를 대상으로 그들이 일한 만큼 보상을 적절히 받고 있는가 하는 문제를 거시적인 통계자료로 확인할 수 있기 때문이다.

그림 7.1은 성신여대 경제학부 박기성 교수가 2007년 영문학술지 *Pacific Economic Review* 제12권 5호에 "한국의 노사관계와 경제성장(Industrial Relation and Economic Growth in Korea)"(Park, Ki Seong 2007)이라는 제목으로 발표한 논문에 등장하는 도표다. 이 도표는 1963년부터 1999년까지 우리나라에서 노동의 한계생산성이 증가함에 따라 임금이 동반해서 상승하고 있었음을 분명히 보여 준다.

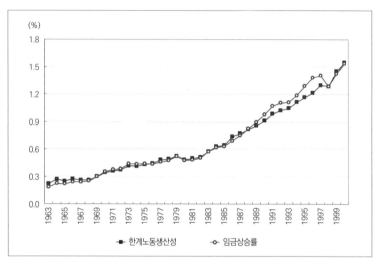

그림 7.1 한계노동생산성과 임금상승률 추이(1963~1999)

　　노동의 한계생산성은 노동을 한 단위 더 투입할 때 생산이 얼마나 증가하는가를 보여 주는 지표다. 따라서 노동의 한계생산성이 증가하면 그만큼 기업의 생산이 증가한다. 물론, 생산이 증가하면 기업의 수익도 늘어난다. 이때 노동에 대한 보수가 늘어나면 노동은 적절한 보상을 받는 셈이다. 만약 이때 적절한 보상이 없다면 노동은 일한 만큼 보상을 받지 못했다고 평가할 수 있다. 따라서 노동이 기여한 몫, 즉 노동의 한계생산성이 증가하고 있음에도 불구하고 임금의 상승이 이루어지지 않는다면 이는 노동에 대한 '착취'가 발생한 경우라고 해석할 수 있다. 따라서 이 도표는 박정희 시대는 물론이고 그 이후 1999년까지도 노동에 대한 '착취'가 없었음을 확인해 주는 객관적 자료다.

오히려 도표에서 주목해야 할 사실은, 1987년 노동자대투쟁이 벌어지던 해부터 1997년 외환위기가 들이닥친 해까지 약 10년간 임금의 상승이 노동의 한계생산성 상승을 상당한 수준으로 앞지르고 있었다는 사실이다. 즉, 이 기간에는 노동이 생산에 기여한 몫보다 임금을 더 많이 받아 갔다. 이와 같은 상황이 약 10년간 누적되면서 결국에는 1997년 경제위기가 발생하였음을 이 도표는 잘 보여 주고 있다.

이 도표는 1997년 위기 이후 다시 두 지표의 상승이 수렴하고 있음도 보여 준다. 따라서 위기를 매개로 노동이 기여한 만큼의 임금을 받아 가도록 조정이 되었음을 알 수 있다. 결국 이 도표는 대한민국이 노동자를 '착취'하기는커녕, 임금의 상승이 노동의 한계생산성 상승을 웃도는 기간이 1987년 노동자대투쟁 이후 10년이나 지속되면서 경제가 위기를 맞게 되었다는 사실을 보여 주는 도표다. 이 상황을 두고 노동자에 대한 '착취'를 말하는 건 언어도단이다.

2. 박정희와 대기업 '귀족' 노조 : 노동보국勞動報國이 필요하다

오늘날 고임금과 복지, 그리고 고용의 안정까지 보장받는 대기업 노동조합의 뿌리가 1970년대 박정희 대통령의 중화학공업정책에 따른 기능공 양성이었음을 이해하고 있는 사람들은 많지 않다. '노동자' 하면 경공업 분야에서 특별한 기술 없이 고강도·장시간 노동을 버텨 낸 여공과 같은 이들을 떠올리기 때문이다. 그래서 노동자는 으레 '착취' 당하는 대상으로 치부돼 보호가 필요한 사회적 약자로 그려진다.

그러나 비록 고강도·장시간 노동이 사실이었다 해도 전태일로 대표되는 경공업 분야의 노동자는 결코 착취당하지 않았다. 당시 여건이 허락하는 수준에서 최소한 일한 만큼, 혹은 그보다 많은 보상을 받았다. 제2장의 분석이 이를 뒷받침한다.

동시에 오늘날 경제의 발목을 잡는 가장 큰 걸림돌이, 파업을 무기로 임금인상과 복지를 요구하며 정리해고는 절대 수용할 수 없다고 버티는 대기업의 강성 노조라는 사실을 엄중하게 인식하는 사람들도 그리 많지 않다. 그렇지 않다면 2017년 현재 한국경제가 처한 국내외의 어려운 상황에 아랑곳하지 않고 기업이야 망하든 말든, 비정규직이야 죽든 말든, 기득권을 위해 파업도 마다 않는 노조를 대상으로 개혁을 추진하지 못할 까닭이 없기 때문이다.

노조 권력에 밀려 기업이 불황에 해고를 못 하면 호황에 고용을 늘릴 생각도 할 수 없다. 한번 채용하면 은퇴할 때까지 고용을 보장해야 하기 때문이다. 여기에 더해 임금과 복지도 매년 꼬박꼬박 올라가니 더욱 그렇다. 그러나 경제는 생물(生物)이다. 매 순간 상황이 변하고 매 순간 경쟁자가 나타난다. 중국과 인도라는 값싸고 거대한 인력을 가진 경쟁국의 등장에 한국은 지금 턱밑까지 물이 찬 상황이다. 그럼에도 노조가 쳐 놓은 노동시장의 경직성에 발목이 잡혀 우리 경제는 지금 익사(溺死) 직전의 상황으로 몰리고 있다.

노조의 역할이 없더라도 우리나라 노동자는 처음부터 '착취'의 대상이 아니었다. 요즘의 대기업 노조는 조합원 자녀가 입사를 지원하면 가산점을 주어 고용을 세습하는 악습을 관행으로 만들고 있다. 이른바 '착취당했다는 노동자 부모가 자식이 대를 이어 또다시 착취당하도록 같은 회사에 노동자로 취직시키는' 제도를 노조가 암묵적으로 요구하여 시행되기 때문이다. 이제 대기업 노동자는 더 이상 '해방'의 대상이 아니라 '세습'의 대상이 되었다.

그러나 고용세습을 요구하는 '귀족' 노동조합의 뿌리를 거슬러 올라가면 박정희를 만나지 않을 수 없다. 1960년대 경공업과 달리 1970년대 중화학공업은 기술을 가진 기능인력을 절대적으로 필요로 했다. 당시 인력은 넘쳤지만 노동시장에서 필요한 기술을 가진 인력을 찾기는 어려웠다. 대규모 자금을 투자한 중화학공장에서 일할 기능인력의 확보가 무엇보다 시급했다. 그래서 선택한 방식이 공업고등학교와 직업훈련원을 통한 기술인력의 공급이었다. 앞서도 밝혔지만 이렇게 '공고'와 '직훈'을 통해 양성된 기능인력의 규모는 1972년 제3차 경제개발 5개년계획이 시작되어 1981년 제4차 계획이 마무리될 때까지 도합 200만 명 규모였다. 그 후 1987년 노동자대투쟁이 있기까지 또 다른 100만 명이 양성되었다. 이들 300만 명의 기능인력은 당시 정부의 정책에 따라 집중적으로 중화학산업공단이 조성된 마산·창원·울산 지역에 대부분 채용되었다.

당시는 기술을 가진 일손이 모자랐지 그들이 일할 일자리가 모자라지 않았다. 이들은 농촌의 어려운 가정 출신으로 교육과정에서 장학금이나 보조금 등의 혜택은 물론, 군복무를 대신해 산업체에서 5년간 일하는 특혜도 받았다. 국가적 지원으로 기능올림픽에 출선해 메달을 따기도 했고, 중동 붐을 타고 외화를 벌기도 했다.

그런데 바로 이들과 이들의 후예가 오늘날 고용을 세습하는 '귀족' 노조를 만들고, 막무가내의 강성 노동운동을 주도하고 있다. 노조 설립을 위해 1987년 '대투쟁'을 주도한 것도 이들이었고, 노조가 제도화되자 노조에 가입하지 못한 비정규직을 방패막이로 삼아 자신들의 고용을 보장받은 것도 이들이었다.

대기업 '귀족' 노조는 귀 기울여야 한다. "형님들, 삼촌들" 하며 일자리 달라는 오늘날 청년들의 외침을 외면하면 안 된다. 억대 연봉을 누리는 중화학공업 부문 고참 대기업 노동자들이야말로 일찍이 30여 년 전 박정희 대통령이 추진한 국가적 사업에 힘입어 오늘의 자리까지 올라오게 된 당사자들이다. 그러니 이제는 국가를 위해 보답할 때도 되지 않았는가? 임금피크제 등의 노동개혁 도입에 동의해, 기업만 보국(報國)하는 것이 아니라 노동도 보국할 수 있음을 보여 줄 때가 되었다.

오늘날 등장한 귀족노조의 '배후'에는 노동자를 착취하기는커녕 중산층으로 키워 낸 박정희가 존재한다. 그마저도 박정희는 이를 세계에서 가장 짧은 시간에 가장 효율적으로 만들어 냈다.

그렇다. 박정희는 노동자를 결코 '착취'하지 않았다. 박정희는 이들을 '마이홈', '마이카', 그리고 휴가철에 해외여행을 누리는 중산층으로 끌어올리는 데 결정적 역할을 했다. 공산주의 북한은 꿈도 꾸지 못할 일이다. 박정희 백 년이 공산주의 백 년을 압도하는 대목의 비밀이 바로 여기에 있다.

대학생들의 박정희 대통령 평가와 현대사 교육 문제

1. 머리말
2. 박정희에 대한 대학생들의 평가
3. 박정희에 관한 역사적 사실
4. 응답자의 의견이 형성된 시기와 영향을 미친 집단
5. 맺는말

사진 8.1 구미 생가에 조성된 박정희 공원의 박정희 동상

이 장의 내용은 류석춘(2016a, 2016b)에 전부 또는 일부가 발표되었다.

1. 머리말

우리 역사 최초로 5천 년 지속된 가난을 뿌리치고 한 세대 만에 대한민국을 선진국 문턱까지 끌어올린 박정희를 과연 우리 대학생들은 어떻게 평가할까? '증산, 수출, 건설'을 구호로 서독의 광산과 병원에서, 월남의 정글에서, 중동의 열사(熱砂)에서 불철주야 일하고 싸우며 남북 대결을 헤쳐 나가는 어려움을 전혀 경험하지 않은 젊은 세대는 과연 박 대통령의 역할을 긍정적으로 받아들이고 있는가?

오늘날 대한민국의 현실은, 박정희라는 지도자가 중심이 되어 이룩한 자랑스러운 역사를 젊은이들이 있는 그대로 공부할 기회를 제공하지 않는다. 있는 그대로의 역사를 공부하기는커녕 일부에서는 현대사를 악의적으로 폄훼하여 젊은이들에게 '대한민국은 태어나지 말았어야 할 나라'라는 부정적 인식까지도 확산시키고 있다. 문제를 더욱 꼬이게 하는 건 이 부정적 인식이 교육이나 언론을 통해 다음 세대로 이어진다는 사실이다.

이 글은 바로 이러한 문제가 얼마나 심각한지 설문조사를 통해 실증적으로 확인해 보는 작업이다. 현대사, 특히 박정희 대통령의 업적과 관련된 역사적 사실을 우리 대학생들은 과연 어떻게 인식하고 있는가를 설문으로 조사했다.

조사 대상 대학생은 총 313명이다. 대학별로는 연세대 116명(37.1%), 인천대 109명(34.8%), 한림대 51명(16.3%), 서울과학기술대 37명(11.8%)으로 구성되어 있다. 성비는 남녀가 대략 반반이고(남자 54%, 여자 46%), 남자 응답자 가운데는 군복무를 마친 학생이 절대적으로 많았다(71.0%). 학년은 골고루, 즉 1학년 14.1퍼센트, 2학년 24.0퍼센트, 3학년 31.6퍼센트, 4학년 29.7퍼센트로 분포되어 있다. 전공은 인문사회과학계열 학생이 압도적으로 많다(91.0%).

조사는 2016년 2학기 강의가 갓 시작된 9월 5일부터 9일 사이에 이루어졌다. 각 소속학교 강의실에서 교수 및 수강생들의 동의를 얻어 강의에 출석한 학생들을 대상으로 조사를 실시했다. 강의실에서 학생들에게 설문지를 나누어 주고 응답자 스스로가 기입하도록 한 후 30분 후에 설문지를 수거하였다. 분석은 SPSS(사회학과통계패키지)를 이용하였다.

2. 박정희에 대한 대학생들의 평가

박정희 대통령에 대한 대학생들의 평가를 구체적으로 알아보기 위해 다음과 같이 총 12가지의 평가항목을 제시하고 동의하는 항목 모두에 복수로 응답하도록 했다. 12가지 평가항목 중 처음 6가지는 부정적, 나머지 6가지는 긍정적 평가다. 응답의 결과를 부정적 및 긍정적 범주로 나누어, 각각의 범주에서 동의하는 비율이 높은 순서로 응답을 나열한 결과는 다음과 같다.

박정희 대통령에 대한 다음 진술 중 응답자가 동의할 수 있는 것은?
(복수응답)

진술	응답
1) 반공을 국시로 삼아 인권을 억압하고 유신을 하여 장기집권을 도모한 독재자	232개(74.1%)
2) 굴욕적인 한·일 국교정상화를 추진하여 정신대/위안부 문제를 외면한 사람	148(47.3)
3) 정경유착으로 재벌을 살찌우고 노동자를 착취한 독재자	140(44.7)
4) 만주군관학교와 일본 육사를 졸업한 친일파	129(41.2)
5) 여대생을 술자리로 부르는 등 도덕적으로 타락한 사람	81(25.9)
6) 선거에서 지역감정을 이용해 대통령에 당선된 사이비 정치인	46(14.7)
부정적인 복수응답 소계	776개(247.9%)*
7) 수출 주도 경제발전을 통해 산업화에 성공하고 중산층을 양산한 부국 대통령	200(63.9)
8) 새마을운동을 통해 농촌은 물론 도시와 공장의 근로의욕을 북돋운 인물	169(54.0)
9) 서독, 월남, 중동 진출을 통해 국력을 일으킨 대통령	108(34.5)
10) 김일성과의 남북 대결을 역전시키고 자주국방을 이룩한 안보 대통령	58(18.5)
11) 산림녹화 및 환경보존 등의 정책을 추진하여 국토를 효율적으로 관리·활용한 대통령	48(15.3)
12) 과학기술을 획기적으로 발전시키며 방위산업을 일으킨 과학 대통령	44(14.1)
긍정적인 복수응답 소계	627개(200.3%)*
복수응답 전체 합계	1,403개(448.2%)

* 비율(%)은 313명 기준

이 문항에 313명이 중복으로 응답한 결과 총 1,403개의 응답을 확인할 수 있었다. 이 응답의 분포를 313명을 기준으로 비율을 구한 결과가 앞의 표이다. 대략 응답자 한 사람당 평균 4.5개의 복수 응답을 한 셈이다(448.2%).

이 표를 보면 박정희 대통령에 대한 부정적인 평가가 긍정적인 평가보다 우세함을 확인할 수 있다. 부정적인 평가의 합은 776개로 응답자 한 사람낭 부정적인 응답을 약 2.5개 선택했다(247.9%). 긍정적인 평가의 합은 627개로 응답자 한 사람당 약 2.0개를 선택했다(200.3%). 그러므로 부정적인 응답이 긍정적인 응답의 약 1.2배가 됨을 알 수 있다.

이와 같은 응답 결과를 종합적으로 정리하기 위해 다음과 같은 분석을 추가로 실시했다. 12개의 진술 가운데 처음 6개, 즉 부정적인 의견에 동의할 때마다 −1을, 그리고 긍정적인 의견에 동의할 때마다 +1의 값을 주어, 응답자가 복수로 응답한 결과를 모두 더했다. 그렇게 하면 특정한 응답자가 박정희 대통령에 대해 부정적인 혹은 긍정적인 의견을 가지고 있는지, 그리고 그 정도는 어떤지를 종합적으로 쉽게 확인할 수 있다. 예컨대 특정한 응답자가 박정희에 대한 긍정적인 진술 6개에 모두 동의하고 부정적인 진술 6개에 모두 동의하지 않았다면 그는 +6점을 갖게 된다. 그 반대의 경우는 −6점이다. 만약 부정적인 응답에 두 번 동의하고(−2) 긍정적인 응답에 한 번 동의하면(+1) 그 응답자는 그 결과를 모두 합해 결국 −1의 값을 갖게 된다. 따라서 이렇게 만들어진 척도는 가장 부정적인 값 −6부터, 긍정과 부정이 균형을 이룬 중립적인 값 0, 그리고 가장 긍정적인 값 +6에 걸치는 값을 갖는다. 이를 정리한

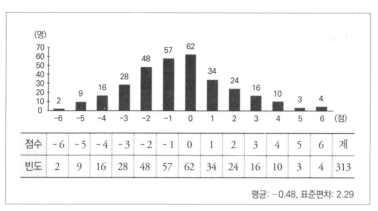

점수	- 6	- 5	- 4	- 3	- 2	- 1	0	1	2	3	4	5	6	계
빈도	2	9	16	28	48	57	62	34	24	16	10	3	4	313

평균: −0.48, 표준편차: 2.29

그림 8.1 박정희 대통령에 대한 평가 분포

결과가 그림 8-1이다.

이 척도의 분포를 보여 주는 막대그래프는 박정희에 대한 평가가 부정적인 방향으로 치우쳐 있음을 시각적으로 잘 보여 준다. 우선, 긍정적인 평가와 부정적인 평가가 균형을 이루는 0점의 빈도가 가장 많아 62명이다. 다음에는 부정적인 평가인 −1점이 57명, 그리고 −2점이 48명이다. 그다음부터는 긍정과 부정이 대충 균형을 이루면서 분포한다. 예컨대 +1점이 34명으로 그다음 순서를 차지하고, 이어서 −3점이 28명, 그리고 다시 +2점이 24명, … 등과 같이 교차하면서 분포한다. 이 척도의 평균은 −0.48로, 대학생들 사이에서 박정희에 대한 평가가 '다소 부정적'이라는 사실을 확인해 준다.

3. 박정희에 관한 역사적 사실

그렇다면 이러한 평가는 역사적 사실에 과연 얼마나 부합하는가?

예컨대 박정희에 대한 부정적 평가 가운데 가장 높은 74.1퍼센트의 동의를 얻은 '반공을 국시로 삼아 인권을 억압하고 유신을 하여 장기집권을 도모한 독재자'의 경우를 따져 보자.

당시 고조되고 있던 남북 대결에 대비하여 총력체제인 유신을 단행한 일은 국가의 명운을 지키기 위한 불가피한 선택이었다는 주장이 지금까지 지속적으로 제기되어 왔다. 당시 전개되던 국제 환경의 변화, 즉 닉슨 독트린으로 인한 주한 미군의 철수 및 미국과 중공의 수교에 따른 대만의 고립과 월남의 패망 등과 같은 변수는 물론이고, 청와대까지 침입한 1·21무장공비사건과 북한이 미국 군함 푸에블로호를 납치하고 미국 정찰기 EC121을 격추시키는 등과 같은 안보불안이 대통령에게 유신과 같은 비상체제를 추동하게 만들었다는 설명이다.

물론 이 문제에 대한 판단은 다음과 같은 세 가지 경우의 수 가운데 과연 어느 것이 옳은가를 객관적으로 따져 보는 작업을 마쳐야만 답을 구할 수 있다.

첫째, 그와 같은 상황 변화에 대한 인식 자체가 잘못되었기 때문에 유신은 하지 말았어야 했다.

둘째, 그와 같은 상황 변화에 대한 인식이 올바른 것이었기 때문에 유신을 단행했어야만 했다.

셋째, 그와 같은 상황 변화에 대한 인식이 비록 올바른 것이라 해도 여전히 유신은 하지 말았어야 했다.

과연 이 세 가지 대안적 판단 가운데 무엇이 역사적 사실에 부합하는 해석인가?

이 글은 이 문제에 대해 본격적인 분석을 시도하는 글이 아니다. 다만 이 글은 10월유신, 나아가서 인권탄압이나 장기집권과 같은 쟁점이 매우 논쟁적인 역사적 평가의 대상이라는 사실을 강조하고자 한다. '그렇다면 대학생들은 과연 이 문제를 제대로 이해하면서 설문의 응답을 선택했을까?'라는 질문을 던질 수 있기 때문이다.

모르긴 몰라도 응답자인 대학생들은 성장하면서 노출된 교육과정은 물론 언론이나 인터넷 환경으로부터 일방적으로 제공받은 단순한 평가를 사려 깊게 생각하지 않고 응답을 선택했을 것으로 짐작된다. 즉, 10월유신이라는 매우 복합적인 역사적 쟁점을 입체적으로 접근하며 심사숙고한 결과 이러한 응답이 나온 것이 아닐 것이란 추론이다.

나머지 동의를 많이 받은 부정적인 평가는 더욱 심각한 문제를 드러낸다. 예컨대, 박정희가 '굴욕적인 한·일 국교정상화를 추진하여 정신대/위안부 문제를 외면한 사람'이라는 응답 역시 역사적인 사실과 전혀 부합하지 않는 응답이다. 왜냐하면 정신대/위안부 문제는 김영삼 정부 들어오면서부터 제기된 쟁점이기 때문이다. 박정희가 일본과 국교정상화를 추진하던 시기에는 정신대/위안부 당사자들을 포함하여 누구도 이 문제를 제기하지 않았다. 문제로 인식되지도 않은 쟁점을 근거로 박정희의 외교를 굴욕외교라고 치부하는 일은 정말이지 반역사적인 인식이다.

또한 '정경유착으로 재벌을 살찌우고 노동자를 착취한 독재자'라는 응답도 동일한 문제를 드러낸다. 당시 정치는 경제가 정치논리, 즉 포퓰리즘에 휘둘리지 않도록 경제를 정치로부터 철저히 분리하는 역할을 제공했기 때문에 경제가 발전될 수 있었다는 해석이 오늘날 학계의 지배적인 해석이다. 다시 말해, 정치와 경제가 분리되면서 오히려 둘 사이엔 협조적인 시너지가 나타날 수 있었다. 또한 이 책에서 충분히 보여 주었듯 박정희 시대는 노동자를 착취한 시대가 아니다. 노동자는 물론이고 농민까지도 중산층으로 성장할 수 있는 계층의 상승이동 사다리가 활짝 열려 있던 시대였다. 박정희 시대는 기업과 노동자가 '동반성장'하던 시대였다.

'만주군관학교와 일본 육사를 졸업한 친일파'라는 응답 역시 식민지 시대에 군인이 되기 위해 일본의 군사학교를 다닌 것을 두고 친일파라고 해석하는 것은 지나치다는 판단이 우세하다. 동일하게 일본 육사를 졸업한 장제스(장개석)는 물론 지청천을 두고 누구도 그들이 친일파였다고 비난하지 않는다. 박정희에게만 낙인을 찍고 있다.

나아가서, 평범한 국민들은 박정희 대통령을 '여대생을 술자리로 부르는 등 도덕적으로 타락한 사람'이라고 평가하지 않는다. 오히려 박정희는 서민의 애환을 누구보다 잘 이해하고 또한 도덕적으로 청렴하여 서거 후 단 한 푼의 부정한 돈도 발견되지 않은 지도자라고 평가하고 있는 것이 현실이다.

마지막으로, '선거에서 지역감정을 이용해 대통령에 당선된 사이비 정치인'이라는 평가도 문제다. 이런 평가와는 정반대로 박정희는 영·호남에 두루 걸친 농촌의 지지로, 도시의 지지를 받던 윤보선 후보를 선거에서 꺾고 대통령에 당선된 대통령이다. 지역 구도가 아니라 '여촌야도(與村野都)'가 당시 선거의 일반적 구도였음을 상기하면 이 문제도 비난을 위한 비난일 뿐임을 쉽게 알 수 있다.

4. 응답자의 의견이 형성된 시기와 영향을 미친 집단

마지막으로, 지금까지 살펴본 바와 같이 역사적 사실에 부합하지 않는 박정희 대통령에 대한 인식을 대학생들은 과연 언제, 그리고 누구로부터 얻게 되었는가를 각각 살펴보자.

우선 '이번 설문조사에서 밝힌 본인의 의견이 형성된 시기는?'이란 질문에 대한 응답은 표 8.1과 같다.

응답자 313명이 중복으로 응답한 경우를 모두 포함해 응답의 전체 숫자는 317개이다. 이 가운데 '대학생이 되어서'라고 한 응답이 141개인데 이를 313명 기준으로 비율을 구하면 45.0퍼센트다. '고등학교 재학 시절에'란 응답은 124명인데 마찬가지 방법으로 비율

표 8.1 대학생들의 박정희에 대한 의견이 형성된 시기

이번 설문 조사에서 밝힌 본인의 의견이 형성된 시기는?

(일부 복수응답)

1) 대학생이 되어서	141개 (45.0%)
2) 고등학교 재학 시절에	124개 (39.6%)
3) 중학교 재학 시절에	15개 (4.8%)
4) 초등학교 재학 시절에	3개 (1.0%)
5) 모르겠다	30개 (9.6%)
6) 무응답	4개 (1.3%)
합 계	317개 (100.2%)*

* 비율(%)은 313명 기준

표 8.2 대학생들의 박정희에 대한 의견에 영향을 미친 집단

이번 설문조사에서 밝힌 본의의 의견 형성에 가장 큰 영향을 미친 집단은?

(일부 복수응답)

1) 부모형제 등 가족	36개 (11.5%)
2) 중·고교 시절의 교사	75개 (24.0%)
3) 대학생이 된 후 수강한 과목의 교수	47개 (15.0%)
4) 가까운 친구들	19개 (6.1%)
5) 신문과 방송 등 매스미디어의 보도	64개 (20.4%)
6) 인터넷 매체를 통한 정보	94개 (30.0%)
7) 관련된 주제에 관한 독자적 연구(문헌연구 등)	33개 (10.5%)
8) 모르겠다	39개 (12.5%)
합 계	407개 (130.0%)*

* 비율(%)은 313명 기준

을 구하면 39.6퍼센트이다. 따라서 대학생들의 현대사에 대한 인식은 85퍼센트 정도가 '고등학생 시절' 혹은 '대학 진학 후'에 형성되었음을 알 수 있다. 그 이전 시기는 별 영향력이 없다.

다음, '이번 설문조사에서 밝힌 본의의 의견 형성에 가장 큰 영향을 미친 집단은?'이란 질문에 대한 응답을 살펴보자(표 8.2).

응답자 313명이 일부 중복으로 응답한 경우를 모두 포함해 응답의 전체 숫자는 407개이다. 이 가운데 대학생들의 의견 형성에 가장 큰 영향을 미친 경우는 '인터넷 매체를 통한 정보'로 94개이고(30.0%), 그에 이어 '중·고교 시절의 교사'가 75개(24.0%), '신문과 방송 등 매스미디어의 보도'가 64개(20.4%)이다. 그다음으로는 '대학생이 되어 수강한 과목의 교수'가 47개(15.0%), '부모형제 등 가족'이 36개(11.5%), '관련된 주제에 대한 독자적 연구'가 33개(10.5%) 순서였다. 가장 영향이 작은 경우는 '가까운 친구들'로 19명(6.1%) 이었다. '모르겠다'는 응답도 39명이나 되었다(12.5%).

이러한 응답의 결과는 앞에서 박정희에 대한 부정적 인식의 문제를 항목별로 깊이 있게 검토할 때 지적한 문제, 즉 '역사교육이 문제고, 언론환경이 문제'라는 지적이 사실임을 여실히 보여주는 결과다. 역사교육과 인터넷을 포함한 언론환경이 대학생들의 현대사 인식을 부정적으로 유도하고 있음을 이 설문 결과가 명백히 뒷받침해 주기 때문이다. 보다 구체적으로 '인터넷'(30.0%), '교사'(24.0%), '매스미디어'(20.4%)라는 세 종류를 합치면 이들이

74.4퍼센트라는 영향력을 행사하고 있음을 알 수 있다. 이는 '부모 형제 등 가족'이 미치는 영향 11.5퍼센트의 무려 7배에 가까운 영향력이다.

5. 맺는말

대학생 313명을 대상으로 실시한 설문조사의 결과는 세계 최고의 성장으로 성공한 대한민국을 만들어 온 자랑스러운 역사를 우리의 젊은이들이 매우 부정적으로 인식하고 있음을 명백히 드러낸다. 표본을 구성한 학생들은 대부분 인문·사회 전공이고 또한 남학생들 가운데는 군복무를 마친 경우가 많아, 이번 조사의 대상이 된 집단이 평균적인 학생들보다는 조금이라도 더 현대사 문제에 지식과 관심을 가진 집단이라고 볼 수 있다. 그렇다면 문제는 더욱 심각하다.

박정희 대통령은 5천 년 가난을 물리치고 경제를 건설하여 마침내는 북한을 압도하는 국력을 일궈 내며 민족중흥을 실현했다. 물질적인 번영은 물론이고 문화적인, 그리고 도덕적인 자극으로 대한민국을 한 단계 업그레이드시킨 대통령이 바로 박정희다. 비록 박정희가 100퍼센트 완벽한 지도자는 아니겠지만, 그의 기여 덕분에 오늘날 대한민국은 세계 속에서 모범적인 개발도상국의 지위를 거쳐 이제는 선진국 문턱까지 오게 되었다. 그럼에도 불구하고 박정희 대통령은 젊은 대학생들로부터 긍정적인 평가보다는 부정적인 평가를 많이 받고 있다.

무엇이 젊은 대학생들에게 이런 의식을 갖게 만들었는가? 이 조사 결과는 바로 '교육이 문제고, 언론이 문제'라는 그동안의 지적이 사실임을 보여 준다. 박정희 대통령에 대한 부정적 인식을 심어 준 환경이 바로 '인터넷', '교사', 그리고 '매스미디어'라는 저간의 주장을 적나라하게 뒷받침해 주고 있기 때문이다. 또한 그러한 부정적인 인식이 입력되는 시기가 '고등학교 재학 시절' 및 '대학생이 되어서'라는 사실도 분명히 보여 준다.

그렇다면 그동안 줄기차게 문제가 제기되어 온 '교육과 언론' 환경을 근본적으로 바꾸어야 한다는 주장에 힘을 싣지 않을 수 없다. 이미 법원에 의해 '법외노조'라는 판결을 받은 전교조의 활동을 더욱 억제하여 우리 젊은이들이 고등학교 교육을 받으면서 대한민국이 '정의가 패배하고 기회주의가 득세한 나라'라는 생각을 하지 않도록 교육해야 한다. 또한 고등학교 학생들이 공부하는 현대사 교과서를 적절히 수정하여 있는 그대로의 '성공한 현대사'를 배울 수 있는 여건을 만들어 주어야 한다. 마지막으로 매스미디어 그리고 인터넷을 통해 무차별적으로 대한민국을 비방하는 악의적인 여론이 고등학생과 대학생 사이에 퍼지지 않도록 감시해야 한다.

돌이켜 보면 '효순·미선사건'은 물론이고 '광우병사태', 그리고 '천안함사건'이나 '세월호사건' 등에 대한 반응이 바로 이러한 문제를 집약적으로 드러낸 경우다. 다시는 이런 근거 없는 대한민국

폄훼가 우리 사회에 똬리를 틀고 젊은 세대의 영혼을 갉아먹지 못하도록 우리 모두 적극적인 노력을 기울여야 한다.

이 문제를 바로잡지 못한 정부는 물론 책임을 면할 수 없다. 그러나 무엇보다도 각각의 가정에서 젊은이들이 어떤 생각을 하고 있는지를 부모가 소통하며 확인하여, 잘못이 있다면 바로잡아 주는 진지한 노력을 기울여야 한다. 국가와 가정이 힘을 합해야 비로소 있는 그대로의, 그렇지만 자랑스러운 역사를 다음 세대에 물려줄 수 있다. 물론 교육이나 언론 그리고 인터넷이 이를 비틀지 못하도록 효과적으로 감시하는 장치도 만들어야 한다.

87년노동자대투쟁20주년기념사업추진위원회(2007). 『골리앗은 말한
    다: 1987-2007』. 대일인쇄.

강구진(1980). "수형자 직업훈련제도의 실태에 관한 연구(1)", 『법학』
    제20권 2호(통권 43). 서울대학교 법학연구소.

강원택·김병연·안상훈·이재열·최인철(2014). 『당신은 중산층입니까』.
    21세기북스.

구해근, 신광영 옮김(2002). 『한국 노동계급의 형성』. 창비.

국가통계포털(http://kosis.kr).

김광모(2015). 『중화학공업에 박정희의 혼이 살아 있다』. 기파랑.

김기원(2002). "한국 자동차산업의 구조조정을 둘러싼 쟁점", 『산업노
    동연구』 8(1): 1-37.

김기철(2014). "현대차 무분규 20년… 노조는 한 번도 양보하지 않았
    다", 『매일경제신문』 11월 20일.

김동원 외(2008). 『한국 우량기업의 노사관계 DNA』. 박영사.

김문성(2013). "대기업 조직 노동자 투쟁이 정당한 이유", 『레프트21』
    108호, 7월 15일.

김성민(2009). "기능 없이 어떻게 첨단기술이 생깁니까"(금오공고 박석
    진 교사 인터뷰), 『조선일보』 12월 19일.

김수행·박승호(2007). 『박정희 체제의 성립과 전개 및 몰락』. 서울대학
    교 출판문화원.

김　원(2005).『그녀들의 반역사』. 이매진.

김윤태(2002).『한국 인적자원개발정책의 분석 및 평가(1962-2002)』. 한국직업능력개발원.

김일영(2004).『건국과 부국』. 생각의나무.

김정렴(2006).『최빈국에서 선진국 문턱까지』. 랜덤하우스.

김진균(1978). "인력개발", 이해영·권태환 편,『한국사회 인구와 발전 (2): 인력·자원』. 서울대학교 인구및발전문제연구소.

김형균·손은희(2008). "조선 산업의 일본 추격과 중국 방어", 이근 외,『기업간 추격의 경제학』, 251-82쪽. 21세기북스.

김형기(1997).『한국 노사관계의 정치경제학』. 한울.

김형아, 신명주 옮김(2005).『박정희의 양날의 선택: 유신과 중화학공 업』. 일조각.

남정욱(2016). "70년대 노동운동, 전태일 그리고 불편한 진실", 자유경 제원 세미나 발표, 7월 5일. (류석춘·박기성 2017: 12-23에 재수록)

노동부·한국산업인력공단(2007).『어머니의 냉수 한 그릇(기능한국인 수기집)』. 우정.

＿＿＿(2008).『하얀 고무신(기능한국인 수기집)』. 우정.

＿＿＿(2009).『내 사랑 야생화(기능한국인 수기집)』. 우정.

＿＿＿(2010).『바위에 박힌 화살(기능한국인 수기집)』. 우정.

＿＿＿(2011).『열정의 온도를 높여라(기능한국인 수기집)』. 우정.

＿＿＿(2012).『인생을 바꾸는 기술(기능한국인 수기집)』. 우정.

＿＿＿(2013).『세상을 만들다(기능한국인 수기집)』. 우정.

＿＿＿(2014).『기술, 능력 중심 사회로 가는 길(기능한국인 수기집)』. 우정.

_____ (2015).『기술로 세상을 바꾸다(기능한국인 수기집)』. 우정.

_____ (2016).『기술로 세상을 움직이다(기능한국인 수기집)』. 우정.

노사정위원회(2003).『노사정위원회 5년 백서』.

뉴라이트전국연합(2009).『민주노총 충격보고서』.

류석춘(1991). "한국 학생운동의 구조와 기능", 한국사회학회 편,『현대 한국 사회문제론』, 94-118쪽. 한국복지정책연구소 출판부. (한 상진·양종회 1992: 125-54 재수록)

_____ (2016a). "대학생들의 박정희 대통령 평가와 현대사 교육 문제",『박정희대통령기념재단 회보』제4호(통권 49호).

_____ (2016b). "대학생들의 이승만·박정희 평가와 현대사 교육문제",『월간조선』11월호.

_____ (2016c). "전태일 평전의 세 가지 함정: 착취? 대학생 친구? 동시 대인의 선택?",『월간조선』12월호.

_____ (2017a). "박정희가 노동자를 착취했다고?",『월간조선』2월호.

_____ (2017b). "귀족노조 만든 산업인력은 박정희가 키웠다",『월간조선』3월호.

_____ (2017c). "1997년 외환위기와 중화학공업 부문 노동자의 분열"『월간조선』4월호.

_____ (2017d). "노동운동의 분열과 귀족노조의 탄생",『월간조선』5월호.

_____ (2017e). "현장노동자들도 '귀족노조' 행태 자성",『월간조선』6월호.

류석춘·김형아(2011). "1970년대 기능공 양성과 아산 정주영", 아산사 회복지재단 편,『아산 정주영과 한국 경제발전 모델』, 99-146쪽. 아산사회복지재단.

류석춘·박기성 편저(2017).『전태일 바로보기』. 비봉출판사.

류석춘·왕혜숙(2008). "사회자본 개념으로 재구성한 한국의 경제 발전", 『사회와 이론』 12: 109-62.

문갑식(2009). "학생운동권 대부에서 분쟁지역 돕기 나선 양국주의 탈레반 인생", 『조선일보』 10월 31일.

문교부(1967, 1970, 1973, 1975). 각년도 『문교통계연보』. 공화출판사.

＿＿＿(1977). 『조국근대화의 기수: 공업고등학교 기능사 양성』.

＿＿＿(1980). 『한국의 공업교육: 조국근대화의 기수』.

문성현(2010). 『희망은 당신 곁에 있습니다』. 삼우반.

박기성(2016). "근로기준법이 전태일을 죽음으로 몰고 갔다", 자유경제원 세미나 발표, 11월. (류석춘·박기성 2017: 24-43에 재수록)

박병영(2009). 『교육과 사회계층이동 조사 연구(2): 1956-1965년 출생 집단 분석』. 한국교육개발원.

박영범·이종석·차종석(2007). 『업종별 노사협력 사례연구』, 노동부 학술연구용역사업. 노사관계학회.

박은호(2015). "고용세습 위해 비정규직 내친 민노총", 『조선일보』 12월 11일.

박준식(1992). 『한국의 대기업 노사관계연구』. 백산서당.

＿＿＿(1996). 『생산의 정치와 작업장 민주주의』. 한울.

박현채·조희연 편(1989a). 『한국사회구성체논쟁(1): 80년대 한국 사회 변동과 사회구성체』. 죽산.

＿＿＿(1989b). 『한국사회구성체논쟁(2): 현단계 사회구성체논쟁의 쟁점』. 죽산.

＿＿＿(1991). 『한국사회구성체논쟁(3): 논쟁의 90년대적 지평과 쟁점』. 죽산.

_____ (1992). 『한국사회구성체논쟁(4): 논쟁의 90년대적 지평과 쟁점』. 죽산.

사울 알린스키, 박순성·박지우 옮김 (2008). 『급진주의자를 위한 규칙』. 아르케.

서관모 (1987). "한국사회 계급구성의 연구", 서울대학교 박사학위논문.

서상선 (2002). 『한국 직업훈련제도의 발자취』. 대한상공회의소.

서일호 (2016). "기능사에 대한 대통령의 각별한 애정, 다섯 차례 방문하다", 『박정희대통령기념재단 회보』 제1호(통권 46호).

손원준·한만용 (2012). 『인사관리와 노무관리』. 지식만들기.

신광영 (2004). 『한국의 계급과 불평등』. 을유문화사.

신동명 (2014). "현대중공업 '골리앗의 추억', '19년 무쟁의' 갈림길 쟁점은…", 『한겨레신문』 11월 24일.

신순애 (2014). 『열세 살 여공의 삶』. 한겨레.

양동안 (2012). 『민주노동당·통합진보당 연구』 자유경제원.

양재진 (2015). "아산 현대 그리고 노사관계의 변화와 분화발전: 현대자동차와 현대중공업의 비교", 미간행 논문.

오원철 (1996). 『한국형 경제건설(3)』. 기아경제연구소.

_____ (1999). 『한국형 경제건설(7): 내가 전쟁을 하자는 것도 아니지 않느냐』. 기아경제연구소.

오재식 (1970). "어떤 예수의 죽음", 『기독교사상』 12월호.

유광호 (2014). "1970-80년대 양성된 중화학공업부문 기능공의 계층이동에 관한 생애사적 연구", 연세대학교 박사학위논문.

유광호·류석춘 (2015). "정주영의 기능공 양성과 중산층 사회의 등장: 현대중공업 사례를 중심으로", 『동서연구』 27/3: 131-79. 연세대학교 동서문제연구원. (울산대학교 아산리더십연구원, 『아산, 그 새로운 울림: 미래를 위한 성찰―살림과 일』, 아산연구총서 2, 푸른숲, 207-97쪽 재수록)

유팔무(1990). "최근 계급론 논의의 몇 가지 문제점", 『경제와 사회』 6: 171-97.

유팔무·김원동·박경숙(2005). 『중산층의 몰락과 계급 양극화』. 소화.

유형근(2012). "한국 노동계급의 형성과 변형: 울산지역 대기업 노동자를 중심으로, 1987-2010", 서울대학교 박사학위논문.

이갑용(2009). 『길은 복잡하지 않다: 골리앗 전사 이갑용의 노동운동 이야기』. 철수와영희.

임영일(1999). "한국의 경제위기와 노동운동: 위기와 과제", 『사회연구』 제12집. 경남대 사회학과.

전상근(2010). 『한국의 과학기술개발』. 삶과꿈.

정영태(2011). 『파벌: 민주노동당 정파 갈등의 기원과 종말』. 이매진.

정이환(2013). 『한국 고용체제론』. 후마니타스.

정주영(1991). 『시련은 있어도 실패는 없다』. 제3기획.

_____ (2011[1998]). 『이 땅에 태어나서』. 솔.

정철환(2011). "한국 기능올림픽 3연패, 통산 17번째 종합우승", 『조선일보』 10월 10일.

정택수(2008). 『직업능력개발제도의 변천과 과제』. 한국직업능력개발원.

조돈문(2011). 『노동계급 형성과 민주노조운동의 사회학』. 후마니타스.

조영래(2009[1978 일본어판; 1983 초판]). 『전태일 평전』, 신판. 돌베개.

조 은(2000). "가족사를 통해 본 사회구조변동과 계급 이동", 『사회와 역사』 58: 107-58.

조형제(1999). "현대자동차의 고용조정", 『산업노동연구』 제5권 1호.

조황희·이은경·이춘근·김선우(2002). 『한국의 과학기술인력 정책』. 과학기술정책연구원.

조효래(2000). "기업별 노동조합의 내부정치: H자동차 노조의 현장조직을 중심으로", 『산업노동연구』 제6권 1호.

최종석(2015). "청년실업 함께 풀자(2): 더 벌어진 대기업·중기 임금 격차 줄여야 청년 고용 는다", 조선닷컴 3월 21일.

통계청(2013). 『한국통계연감 2012』(제59호).

_____ (2015a). 『한국통계연감 2014』(제61호).

_____ (2015b). "2015년 3월 경제활동인구조사: 근로형태별 부가조사 결과", 5월 28일 보도자료.

하승립(2005). "한국 노동운동의 이념지형도", 『참여와 혁신』 제17호.

하인식(2004). "정치투쟁 안하겠다", 『한국경제신문』 3월 31일.

한국과학기술단체총연합회(1973). "박대통령 1973년 연두기자회견", 『과학과 기술』 제6권 1호.

한국노동연구원(2000). 『한국의 노동법 개정과 노사관계』.

한국물가정보(2010). 『종합물가정보: 통계로 본 물가 40년사 1970-2010』.

한국사회학회 편(2008). 『기로에 선 중산층』. 인간사랑.

한상진·양종회 공편(1992). 『사회운동과 사회개혁론』. 전예원.

함인희·이동원·박선웅(2001). 『중산층의 정체성과 소비문화』. 집문당.

핫또리 타미오(服部民夫), 류석춘·이사리 옮김(2007[2005]). 『개발의 경제사회학: 한국의 경제발전과 사회변동』. 전통과현대.

허 욱(1987). "국가기술자격제도에 대한 고찰", 『기술시대』 2월호(27

호). 한국직업훈련관리공단.

현대중공업(1992). 『현대중공업사』. 울산: 현대중공업주식회사.

홍두승(2005). 『한국의 중산층』. 서울대학교 출판부.

Alinsky, Saul (1971). *Rules for Radicals*. NY: Vintage Books.

Amsden, A. H. (1989). *Asia's Next Giant: South Korea and Late Indus-trialization*. New York: Oxford University Press.

The Bank of Korea (2010). *The Bank of Korea: A Sixty-Year History*. 길잡 이미디어.

Chang, Ha-joon (2006). *The East Asian Development Experience: The Miracle, the Crisis and the Future*. London: Zed Books.

Chibber, Vivek (2003). *Locked in Place: State-Building and Late Indus-trialization*. Princeton, NJ: Princeton University Press.

Davis, Diane E. (2004). *Discipline and Development*. Cambridge University Press.

Evans, Peter (1995). *Embedded Autonomy: States and Industrial Trans-formation*. Princeton, NJ: Princeton University Press.

Johnson, Chalmers (1982). *Miti and the Japanese Miracle: The Growth of Industrial Policy, 1925-1975*. Stanford, CA: Stanford University Press.

Kim, Hyung-A (2004). *Korea's Development Under Park Chung Hee: Rapid Industrialization, 1961-1979*. London: Routle Curzon.

Kong, Tat Yan (2000). *The Politics of Economic Reform in South Korea: A Fragile Reform*. London: Routledge.

Koo, Hagen (2001). *Korean Workers: The Culture and Politics of Class Formation*. Ithaca and London: Cornell University Press.

Lee, Namhee (2005). "Representing the Worker: The Worker-Intellectual Alliance of the 1980s in South Korea," *The Journal of Asian Studies* 64(4): 911-37.

Lew, Seok-Choon (2013). *The Korean Economic Developmental Path: Confucian Tradition, Affective Network*. New York: Palgrave Macmillan.

Neary, Michael (2000). "Hyundai Motors 1998-1999: The Anatomy of a Strike," *Capital & Class* 70: 1-7.

Park, Ki Seong (2007). "Industrial Relations and Economic Growth in Korea," *Pacific Economic Review* 12(5): 711-23.

Park, Sang-Young (2010). "Crafting and Dismantling the Egalitarian Social Contract: The Changing State-Society Relations in Globalizing Korea," *Pacific Review* 23(5): 579-601.

Wade, Robert (1990). *Governing the Market: Economic Theory and the Role of Government in East Asia Industrialization*. Princeton, NJ: Princeton University Press.

부록

1. 1983년 초판『전태일 평전』의 분신 기록
2. 2009년 신판『전태일 평전』의 분신 기록
3. 미국 교포 잡지 *Korea Monitor*의 필진 이선명
4. 1973년 현대중공업 입사 기능공(생산직)의
   연도별 기본급 자료(1973~2015)
5. 생산직사원 심층면접 질문지
   (현대중공업, 현대위아[기아기공 출신],
   두산중공업[대우중공업 출신])
6. 현대중공업 응답자의 특성
7. 기아기공 출신 현대위아 응답자의 특성
8. 대우중공업 출신 두산중공업 응답자의 특성

1983년 초판『전태일 평전』의 분신 기록

(조영래 1983: 227-28)

친구들은 다소 의아하게 생각하였지만 그의 말에 따라 그를 혼자 남겨 두고 국민은행 앞 길로 내려갔다. 그들이 그 곳에 도착하였을 때, 웅성거리던 5백여명의 노동자들은 경비원들과 경찰들의 몽둥이 앞에 밀리며 이리저리로 왔다갔다 하고 있었다. 사전에 연락을 해두었건만 신문기자들은 아직 나타나지 않았다. 먼저 내려온 회원들은 전태일이 내려오기를 기다리며 담뱃가게 옆에 서 있었다.

약 10분 후에 전태일이 내려 왔다. 그는 아무 말 없이 김개남의 옷소매를 끌어 당기며 눈짓을 하여 그를 사람이 좀 덜 다니는 옆 골목으로 끌고 갔다.

"아무래도 누가 한 사람 죽어야 될 모양이다."

그는 이렇게 말하며 김개남에게 성냥불을 켜서 자신의 몸에 갖다 대어 달라고 부탁했다.

그 전날 저녁에 김개남은 전태일이 내일 "누구 한 사람 죽는 것처럼 쇼를 한 판 벌려서 저놈들 정신을 번쩍 들게 하자"고 하는 말을 들은 일이 있었다. 성냥불을 켜서 갖다 대어 달라는 전태일의 부탁이 심각하였기 때문에 불길한 예감이 퍼뜩 머리를 스치고 지나가긴 했으나, "설마……" 하는 생각에 그는 성냥불을 켜서 전태일의 옷에 갖다 대었다.

순간 전태일의 옷 위로 불길이 확 치솟았다. 친구들 보고 먼저 내려 가라고 한 뒤, 그는 미리 준비해 두었던 한되(一升) 가량의 석유를 온몸에 끼얹고 내려왔던 것이다.

불길은 순식간에 전태일의 전신을 휩쌌다. 불타는 몸으로 그는 사람들이 아직 많이 서성거리고 있는 국민은행 앞 길로 뛰어 나갔다.

"근로기준법을 준수하라!"

"우리는 기계가 아니다! 일요일은 쉬게 하라!"

"노동자들을 혹사하지 말라!"

부록 2

2009년 신판 『전태일 평전』의 분신 기록
(조영래 2009: 300-01)

친구들은 다소 의아하게 생각하였지만 그의 말에 따라 그를 혼자 남겨두고 국민은행 앞길로 내려갔다. 그들이 그곳에 도착하였을 때 웅성거리던 500여 명의 노동자들은 경비원들과 경찰의 몽둥이 앞에 밀리며 이리저리로 왔다갔다하고 있었다. 사전에 연락을 해두었건만 신문기자들은 아직 나타나지 않았다. 먼저 내려온 회원들은 전태일이 내려오기를 기다리며 담뱃가게 옆에 서 있었다.

약 10분 후에 전태일이 근로기준법 책을 가슴에 품고 내려왔다.
전태일이 몇 발자국을 내딛었을까? 갑자기 전태일의 옷 위로 불길이 확 치솟았다. 불길은 순식간에 전태일의 전신을 휩쌌다. 불타는 몸으로 그는 사람들이 아직 많이 서성거리고 있는 국민은행 앞길로 뛰어나갔다.

"근로기준법을 준수하라!"
"우리는 기계가 아니다! 일요일은 쉬게 하라!"
"노동자들을 혹사하지 말라!"

부록 3

미국 교포 잡지 *Korea Monitor*의 필진 이선명
(http://koreamonitorusa.com/?page_id=12, 2016년 11월 7일 검색)

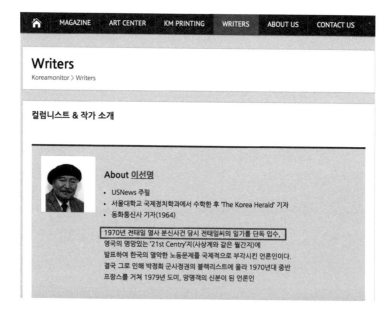

KOREAMonitor
Korean news and column magazine

🏠	MAGAZINE	ART CENTER	KM PRINTING	WRITERS	ABOUT US	CONTACT US

Writers
Koreamonitor > Writers

컬럼니스트 & 작가 소개

About 이선명

- USNews 주필
- 서울대학교 국제정치학과에서 수학한 후 'The Korea Herald' 기자
- 동화통신사 기자(1964)

1970년 전태일 열사 분신사건 당시 전태일씨의 일기를 단독 입수, 영국의 명망있는 '21st Centry'지(사상계와 같은 월간지)에 발표하여 한국의 열악한 노동문제를 국제적으로 부각시킨 언론인이다. 결국 그로 인해 박정희 군사정권의 블랙리스트에 올라 1970년대 중반 프랑스를 거쳐 1979년 도미, 망명객의 신분이 된 언론인

부록 4

1973년 입사 기능공(생산직)의 연도별 기본급 자료
(2015~1973, 시간 역순)

발령 구분	발령일자	직위	기본급	비 고
임금피크제	2015-01-01**		2,381,750	
급여조정	2015-01-01**		2,228,400	
직제변경	2015-01-01**	기정	2,146,900	
정기승급	2014-06-01**		2,665,450	
급여조정	2014-01-01**		2,146,900	
정기승급	2013-06-01		3,067,000	임금피크
정기승급	2012-06-01		3,025,000	
정기승급	2011-06-01		2,956,000	
정기승급	2010-06-01		2,858,000	
정기승급	2009-06-01		2,762,000	
정기승급	2008-06-01		2,732,000	
정기승진	2008-01-01	기정대우	2,611,000	
정기승급	2007-06-01		2,567,000	
정기승급	2006-06-01		2,416,000	
정기승급	2005-06-01		2,283,000	
정기승급	2004-06-01		2,173,000	
정기승급	2003-06-01		2,073,000	
정기승급	2002-06-01		1,949,000	
정기승급	2001-06-01*		1,828,000	
정기승진	2001-01-01	기감	1,673,000	
정기승급	2000-06-01		1,603,500	

정기승급	1999-06-01		1,482,000	
정기승급	1998-06-01		1,429,000	
정기승급	1997-06-01		1,398,000	
정기승급	1996-06-01		1,149,000	
정기승급	1995-06-01*		995,000	
정기승진	1995-01-01	기장	909,500	
정기승급	1994-06-01		889,500	
정기승급	1993-06-01		787,000	
특별승급	1992-09-21		727,500	
정기승급	1992-06-01*		727,300	
정기승급	1991-06-01		675,450	
정기승급	1990-06-01		578,100	
정기승급	1989-06-01*		497,000	
정기승진	1989-05-01	기원	397,000	
특별승급	1988-07-21		391,000	
정기승급	1988-03-01*		390,779	
특별승급	1987-10-21		334,372	
정기승급	1987-09-01		330,772	
특별승급	1987-03-21		300,000	
정기승급	1987-03-01*		294,000	
정기승급	1986-03-01		290,000	
정기승급	1985-03-01		286,000	
정기승급	1984-03-01		272,000	
정기승진	1983-03-01*	4급기사	256,000	
정기승급	1983-02-21		217,200	시급 905×240
정기승급	1982-02-21		201,600	시급 840×240
정기승급	1981-03-01		183,600	시급 765×240
정기승급	1980-09-21		156,000	시급 650×240
정기승진	1980-03-01*	5급기사	145,200	시급 605×240

정기승급	1979-09-21		123,120	시급 513×240
정기승급	1979-03-21*		114,720	시급 478×240
정기승진	1978-09-01	6급기사	101,520	시급 423×240
정기승급	1978-02-21*		92,880	시급 387×240
정기승급	1977-09-01		82,880	시급 345×240
-				
신규입사	1973-05-01	7급기사	56,880	시급 237×240

회사 제공 자료

1) 이 자료는 인력개발팀이 제공한 자료로(생산직 ㅇㄱㅅ), 1974~76년 기간의 데이터는 결락되어 있다.

2) 시급에 240시간(1일 법정근로시간 8시간×30일)을 곱하면 월 기본급이 된다.

* 같은 연도에 두 개 이상의 기본급 액수가 제시되어 있는 경우 해당 연도의 대표값으로 선택된 기본급을 의미한다. 선택 기준은 전후 연도와 1년의 거리가 있는 값을 골랐다. 1988년까지는 해당 연도 3월치의 기본급을 선택하게 되었고, 1989년 이후는 6월치의 기본급을 선택하게 되었다.

**이 자료의 주인공은 1955년생으로 1973년 한독기술고등학교 졸업과 동시에 입사하였고, 만 58세가 되던 2013년 당시 기준에 따라 정년이 되어 임금도 가장 많이 받았다. 정년 이후 직제 변경 및 급여 조정을 통해 고용연장을 하고 있으며, 2015년 임금피크제가 도입되면서 정년이 만 60세로 연장되었다.

생산직 사원 심층면접 질문지
(현대중공업, 현대위아[기아기공 출신], 두산중공업[대우중공업 출신])

　　바쁘신 중에도 심층면접에 응해 주신 데 대하여 깊이 감사드립니다. 밝혀 주신 정보는 절대로 외부로 유출되지 않을 것이며 익명성이 보장될 것입니다. 본 조사는 연구과제 '아산의 기능공 양성과 중산층 사회의 등장' 수행과 관련하여 1970~80년대 양성된 기능공의 계층이동을 분석하기 위한 질문입니다. 답변에 있어서 겸양하지 마시고 기탄없는 견해를 밝혀주시면 감사하겠습니다. 앞서 밝힌 대로 익명성은 절대 보장됩니다. 그러나 죄송하지만, 꼭 필요한 경우 보충질문을 드릴 수 있도록 휴대폰 번호와 존함(가명도 가능)을 기재해 주시길 간곡히 부탁드립니다.

2014. 10. 30
연구과제 수행팀장 류석춘 연세대 사회학과 교수

성함(가명 가능):

휴대폰 번호:

1. 신상 문제 (22문항)

1.1 생년(나이)

1.2 고향(최소한 면단위)

1.3 중학교 시절에 끼니를 굶어 본 적이 있습니까?

1.4 형제자매는 몇 분입니까?

1.5 생활수준: 살던 마을에서 혹은 동네에서 상, 중, 하 가운데 어디였습니까? 농촌이라면 댁에서는 논과 밭은 몇 평씩 소유하셨나요?

1.6 졸업한 공업고등학교의 이름과 입학연도 및 졸업연도는?

1.7 직업훈련원 출신이라면 어디 출신? 몇년도? 기능 분야는? 2급 자격증은 언제 취득했나요? 졸업한 고등학교의 이름과 입학연도 및 졸업연도는?

1.8 공고나 직훈에 들어간 가장 큰 이유는?

1.9 귀하가 기어이 대학 진학을 하고자 했다면 어떻게 해서라도 뒷받침해 줄 수 있는 가정형편이었나요?

1.10 당시 아들을 대학 보낼 수 있으려면, 농촌에서는 살림 형편이 어느 정도 돼야 됐다고 보시는지요? 지방도시 생활이라면 어느 정도 형편이어야 됐을까요?

1.11 국내대회 혹은 기능올림픽 참가 및 수상 여부

1.12 최종 학력은 무엇입니까? (대학 혹은 대학원 진학 여부 및 전공)

1.13 군 복무: 언제부터 언제까지, 제대할 때 계급, 어떤 병과 혹은 직종? 기술하사관?

1.14 처음 직장의 이름, 보직, 월급 수준은 무엇이었습니까?

1.15 고교 졸업 혹은 직훈 수료 후 추가로 딴 자격증은 무엇입니까? 몇 개입니까?

1.16 결혼은 언제 하셨으며, 부인은 어떻게 만났습니까?

1.17 현재 연간 소득은 얼마나 됩니까? (본봉, 제수당, 보너스 등으로 구분해 밝혀 주십시오.)

1.18 월급(보너스까지 포함하여) 상승 및 승진 과정을 가능한 한 자세히 밝혀주시면 대단히 감사하겠습니다. (1) 1972~1987, (2) 1987~1994, (3) 1995~2014로 크게 시기구분 하시는 가운데 상세하게 가르쳐 주셔도 좋습니다.

1.19 집 마련은 언제 했으며, 어떤 집이었습니까? 아파트라면 몇 평이고 장소는 어디였습니까?

1.20 지금의 주거는 자가 소유입니까(아파트면 몇 평이고 시가는? 혹은 단독주택이면 시가는?), 혹은 전세입니까(아파트면 몇 평?), 월세입니까(아파트면 몇 평?)?

1.21 자가용 소유: 언제? 어떤 차였습니까? 지금 차는 어떤 차입니까?

1.22 자녀는 몇 남매이며, 자녀들의 학력은 어떻습니까?

2. 현대중공업(기아기공, 대우중공업)에서의 경력 (14문항)

2.1 몇년도에 입사하셨습니까?

2.2 특히 현대중공업(기아기공, 대우중공업)을 선택한 이유가 있었습니까?

2.3 첫 보직은 어디였습니까? 자신의 전공과 잘 맞았습니까?

2.4 첫 월급은 얼마였습니까? 시급은 얼마? 하루 몇 시간 근무하셨습니까?

2.5 첫 월급의 당시 가치는 어땠습니까? 쓸모가 어느 정도였습니까?

2.6 회사의 분위기는 어땠습니까?

2.7 회사에서 학력 차별을 받은 적이 있습니까? 회사에서 학력 차별을 했다면, 1987~88년 노조 설립과 대파업투쟁에서 학력 차별이 어느 정도 비중의 원인이 되었다고 보십니까?

2.8 비슷한 나이의 대졸 사원과 임금 차이가 어느 정도였습니까? 그 차이가 합리적이라고 보았습니까? 1987~88년의 대투쟁을 계기로 그 차이에 변화가 생겼습니까? 변화가 있었다면 무엇이 얼마나 변했습니까? 귀하의 평가도 달라졌습니까?

2.9 1987년 대투쟁 이후부터 1994년 사이 대량해고 조치가 있었나요? 있었다면 그때 어떤 느낌을 받았습니까?

2.10 1994년 노사타협 이후 사원들의 작업태도는 어떻게 변했고, 회사의 노무관리정책은 어떤 면에서 가장 많이 바뀌었나요?

2.11 2급 기능사 자격 소지자도 해고됐습니까? 2급 기능사들이 회사에서 대우를 받았습니까?

2.12 1987년 대투쟁 이후 1994년 노사화합까지 해고된 분들은 모두 몇 명이라고 기억하나요?

2.13 남은 사원들에 대한 회사와 관리직들의 태도와 대우에는 어떤 변

화가 있었습니까?

2.14 해고된 분들은 해고시 어떤 보상을 받았는지 기억하십니까? 해고된 분들은 어떤 길들을 밟아 나가게 됐는지 아시거나 들은 바가 있습니까?

3. 주관적 의식(6문항)

3.1 중학교 시절 공부를 잘하셨습니까?

3.2 고교 시절 장래에 대한 꿈은 무엇이었습니까?

3.3 고교 시절 공부를 잘하셨습니까?

3.4 고교 졸업이니 직훈 수료 후 해외, 특히 중동에 파견된 경험이 있습니까?

3.5 공장 기능인이 된다는 것에 대해 스스로 어떻게 생각했습니까?

3.6 고교 시절 혹은 직장을 다니면서 특히 불만을 가진 내용이 있다면 무엇이었습니까? 현재의 그것은 무엇입니까? (예컨대 대졸 사원과의 임금 격차 등)

4. 2급 기능사 직업훈련과 공업교육에 관한 견해(18문항)

4.1 자신이 취득한 기능 자격의 명칭과 내용 및 쓰임새에 대하여 설

명해 주십시오.

4.2 2급 기능사 자격 취득자는 그렇지 않은 기능인과 어떻게 달랐습니까? 숙련(skill)과 기능 및 기술적 지식에서 어떤 차이가 났습니까? 차이가 났다면, 자신은 구분되는 특별한 기능인이라고 느꼈습니까?

4.3 2급 기능사들 간에 어떤 집단적 동질감이 형성됐었나요? 그런 조직이나 모임이 있었나요?

4.4 공업고등학교에서의 기능 및 기술교육은 체계적이었습니까?

4.5 직업훈련원에서의 기능 및 기술교육은 체계적이었습니까?

4.6 공고 교육이나 직업훈련원에서의 수련과 2급 기능사 자격 소지가 자신을 직장과 사회에서 안전하게 지켜 주거나 발전하게 해주는 하나의 중요한 무기라고 느끼셨습니까? 만약 그렇다면, 2급 기능사 자격 소지가 자신의 인생에서 어떤 역할을 했다고 평가하십니까?

4.7 1970년대 후반 박정희 정부가 대대적인 중화학공업화를 일으킬 때 기능사 자격은 어떤 기대와 평가를 받았다고 보셨습니까?

4.8 박정희 정부의 기능공 양성정책에 대하여 당시 어떻게 평가하셨습니까?

4.9 한국의 산업혁명에서 1970년대와 1980년대 기능사들이 기여한 역할은 어느 정도였다고 생각하십니까? 했다면, 기능사들의 어떤 점이 결정적으로 중요했다고 생각하십니까? 예를 들면, 숙련 기능이라든가, 어떤 체계적 공업교육에 따른 지적인 특징이라든

가, 직업윤리라든가, 규율이라든가 등등 측면에서.

4.10 1970년대에 기능인들이 '산업역군'이라든가 '근대화의 기수'로 불린 것에 대하여 어떻게 생각하셨습니까?

4.11 현대중공업(기아기공, 대우중공업)은 기능사들을 어떻게 평가하고 어떻게 대우했습니까?

4.12 1970~80년대 현대중공업(기아기공, 대우중공업)의 보수는 다른 기업과 비교해 어떤 수준이었습니까?

4.13 화이트칼라와의 임금 격차가 다른 기업들보다 상대적으로 작았습니까, 아니면 컸습니까?

4.14 1970년대 후반부터 80년대에 걸쳐 공고나 직훈 졸 2급 기능사의 대거 입사로 인해 작업장의 분위기가 변화했었습니까? 그랬다면 어떤 변화였습니까?

4.15 1970년대 공고 교육이나 직업훈련으로 2급 기능사를 취득한 것이 그렇지 않은 생산직 사원과 보수나 지위 면에서 격차를 초래했습니까? 했다면, 어떤 원인과 어떤 방식으로 그런 차이를 가져왔다고 보십니까?

4.16 직업훈련원 출신 2급 기능사들과 공고 출신 2급 기능사들은 어떤 차이점이 있었습니까? 스스로 그리고 집단적으로 구분하는 의식이라든가 분위기가 있었습니까?

4.17 전문대졸 생산직 사원(기술공)과는 능력과 사내 지위와 보수 면에서 어떤 차이가 있었다고 보십니까? 있었다면, 그것은 합리적이라고 보셨습니까?

4.18 1980년대나 1990년대 후배 기능사들의 기능 능력에 대해서는 어떻게 평가하십니까? 그리고 그들의 문화라든가 생활방식이 자신들 세대의 그것과 달라진 점이 있다면 어떤 점을 들 수 있겠습니까?

5. 노동 및 정치운동 관련(11문항)

5.1 1987년 6월 민주화운동 당시 어디서 무슨 일을 하고 있었습니까? (시위 참여 여부, 적극적 참여 혹은 소극적 참여 혹은 불참)

5.2 민주화운동에 어떤 견해를 갖고 있었습니까?

5.3 1987년 7, 8월 '노동자대투쟁'에 참여했습니까? 어떤 일을 하고 있었습니까? 7, 8월 시위 참여가 적극적 혹은 소극적 참여 혹은 불참이었습니까?

5.4 1988~90년 '골리앗투쟁'으로 상징되는 전투적 노동운동을 어떻게 생각했습니까?

5.5 1987~88년 시점에 귀하의 직장 내 지위는 어땠습니까? 그리고 삶의 수준은 어땠다고 보십니까? 즉, 보수를 가지고 무엇을 할 수 있었으며, 자신의 사회적 계층이 어느 정도라고 생각하셨습니까?

5.6 1988년 말 128일 파업에 참여하셨습니까? (가) 적극적으로, (나) 소극적으로, (다) 참여 않음

5.7 당시 파업의 주된 원인은 무엇이라고 당시 생각하셨습니까? 지
금은 어떻게 생각하십니까? 그 투쟁노선과 방법을 어떻게 평가
하십니까?

5.8 그 파업을 계기로 생산직의 처우와 처지에 많은 변화가 있었습니
까? 있었다면, 어떤 것들을 들 수 있겠습니까?

5.9 1988년 당시 현대중공업의 생산직 사원은 모두 몇 명이었나요?
그중 2급 기능사는 몇 명 정도였습니까?

5.10 당시 파업투쟁 주도 세력은 어떤 부류의 사원들이었습니까?

5.11 노조에 가입하고 계십니까? 그렇다면 언제부터입니까? 간부 활
동을 하신 적이 있습니까?

6. 1997년 IMF 이후의 경력 (5문항)

6.1 IMF사태로 회사에 어떤 변화가 있었습니까?

6.2 귀하에게는 어떤 변화나 타격이 있었습니까?

6.3 귀하는 잠시라도 '비정규직' 사원인 적이 있었습니까?

6.4 IMF 이후 노사문제에 관한 견해에 변화가 있었습니까?

6.5 소위 '노동귀족'이라고 불리는 오늘의 대기업 중심 노조에 대한
견해는 무엇입니까?

7. 스스로 평가하는 계층귀속감(7문항)

   7.1 동의하시는 아래 사항들에 체크를 해 주십시오.

          성취를 중시하는가 (　)

          스스로를 돕는 자조 및 독립을 중시하는가 (　)

          음식의 맛을 중시하는가 (　)

          옷은 품질과 상표를 중시하는가 (　)

          미래가 가장 중요하다고 생각하는가 (　)

          교육을 성공에 핵심적이라고 보는가 (　)

          운명을 믿는가 (　)

          국가 관점으로 세계를 보는가 (　)

          상대를 그 사람의 성취에 따라 평가하고 호감을 갖는가 (　)

          일과 성취가 결정적으로 중요하다 (　)

       고 여기십니까?

   7.2 지금 현재 스스로를 '노동계급(working class)', 혹은 '중산층(middle class)', 혹은 '상류층(upper class)'이라고 생각하십니까? 중산층(혹은 상류층)이라면 언제(몇년도)부터 그렇게 생각하게 되었습니까?

   7.3 중산층의 기준은?

          (가) 재산 ─ 자기 집(아파트) (　)

          (나) 학력 (　)

          (다) 기타 무엇

       이라고 생각하십니까?

7.4 우리 사회의 계층을 '상, 중의 상, 중의 중, 중의 하, 하'의 5등급으로 구분한다면 어디에 속한다고 생각하십니까?

7.5 형제자매분들의 현재 형편이 어떻습니까? 귀하께서는 그중 어떤 편입니까?

7.6 정년 후 계획은 무엇입니까? 노후 대책은 어떻게 하시고 계신지요?

7.7 1970년대 이후 지금까지 어느 시기에 사회적 기회가 가장 많았다고 생각하십니까?

8. 한국에 대한 견해 (5문항)

8.1 한국인이라는 사실에 대해서 어떻게 생각하시나요?

8.2 한국은 더 발전해서 선진국이 될 수 있을까요? 아니면 그냥 이 정도로 계속 머무를까요? 아니면 하락, 퇴보하게 될까요?

8.3 한국이 발전하려면 가장 필요한 것이 무엇이라고 생각하시는지요?

8.4 세금을 인상해서라도 사회복지를 확대하는 것에 대해서 어떻게 생각하십니까?

8.5 북한 정권에 대해서는 어떻게 대해야 한다고 보시는지요?

장시간 귀한 견해를 표출해 주신 데 대하여 다시 한 번 깊이 감사드립니다. 건강하시고 댁내 두루 평안하시기를 기원합니다. 감사합니다.

부록 6

현대중공업 응답자의 특성

(N=20, 2015년 1월 및 2월)

Case #	나이	입사연도 (근속연수)	현재 연봉 (만 원)	주관적 계급*	주관적 계층**
HH1	59	1981(34)	7,800	무응답	중중
HH2	60	1979(36)	9,000	중간	중상
HH3	60	1981(34)	9,000	중간	중중
HH4	58	1974(41)	9,000	중간	중중
HH5	60	1973(42)	7,600	노동	중중
HH6	58	1981(34)	8,000	중간	중하
HH7	59	1981(34)	9,000	무응답	중하
HH8	55	1979(36)	9,600	중간	중중
HH9	58	1975(40)	9,000	중간	중하
HH10	53	1979(36)	8,900	중간	중중
HH11	56	1979(36)	8,500	중간	중중
HH12	55	1979(36)	9,000	중간	중중
HH13	58	1981(34)	7,000	중간	중중
HH14	55	1979(36)	7,000	무응답	무응답
HH15	58	1979(36)	9,000	무응답	중중
HH16	57	1982(33)	8,000	중간	중중
HH17	50	1982(33)	8,300	중간	중중
HH18	54	1981(34)	8,700	중간	중중
HH19	48	1983(32)	6,400	노동	중하
HH20	55	1982(33)	8,700	노동	중중
평균	56.3	(35.5)	8,375	노동(3) 중간(13) 무응답(4)	중상(1) 중중(14) 중하(4) 무응답(1)

* 3범주: '노동' '중간' '상층'
** 5단계: '상' '중상' '중중' '중하' '하'

부록 7

기아기공 출신 현대위아 응답자의 특성

(N=10, 2014년 7월)

Case #	나이	기아기공 입사연도 (근속연수)	현재 연봉 (만 원)	주관적 계급*	주관적 계층**
HW1	58	1975(36)	8,500	중간	중중
HW2	55	1987(27)	9,000	무응답	하
HW3	54	1986(28)	8,500	중간	중하
HW4	55	1978(36)	8,800	중간	중상
HW5	58	1977(37)	8,000	노동	중중
HW6	51	1983(31)	8,700	중간	중중
HW7	54	1978(36)	8,400	중간	중상
HW8	57	1978(36)	9,800	중간	중중
HW9	52	1988(26)	8,000	중간	중상
HW10	56	1978(36)	9,000	중간	중중
평균	55.0	(32.9)	8,670	노동(1) 중간(8) 무응답(1)	중상(3) 중중(5) 중하(1) 하(1)

* 3범주: '노동' '중간' '상층'
** 5단계: '상' '중상' '중중' '중하' '하'

부록 8

대우중공업 출신 두산중공업 응답자의 특성
(N=9, 2015년 8월)

Case #	나이	대우중공업 입사연도 (근속연수)	현재 연봉 (만 원)	주관적 계급*	주관적 계층**
DH1	55	1978(36)	6,500	노동	중하
DH2	56	1977(37)	무응답	중간	중하
DH3	55	1978(36)	무응답	노동	중하
DH4	51	1981(33)	8,900	중간	중중
DH5	48	1987(27)	7,000	무응답	중하
DH6	56	1978(36)	7,000	중간	중하
DH7	55	1983(31)	6,000	노동	중하
DH8	55	1978(36)	무응답	노동	중하
DH9	46	1988(26)	무응답	무응답	무응답
평균	53.0	(33.1)	7,080	노동(4) 중간(3) 무응답(2)	중중(1) 중하(7) 무응답(1)

* 3범주: '노동' '중간' '상층'
** 5단계: '상' '중상' '중중' '중하' '하'

박정희는 노동자를 착취했는가

1판 1쇄 발행일 2018년 2월 1일
1판 3쇄 인쇄일 2018년 3월 15일

지은이 류석춘
펴낸이 안병훈
펴낸곳 도서출판 기파랑
디자인 커뮤니케이션 울력
등록   2004년 12월 27일 제300-2004-204호
주소   서울특별시 종로구 대학로8가길 56(동숭동 1-49) 동숭빌딩 301호
전화   02-763-8996(편집부) 02-3288-0077(영업마케팅부)
팩스   02-763-8936
이메일 info@guiparang.com

ⓒ 류석춘, 2018

ISBN 978-89-6523-660-3 03300